Verführerische Nachspeisen

Cremig, fruchtig, schokoladig

Verführerische Nachspeisen

Cremig, fruchtig, schokoladig

Impressum

Mein Landleben im Cadmos Verlag
Copyright © 2012 by Cadmos Verlag, Schwarzenbek
Gestaltung und Satz: Ravenstein, Verden
Redaktion und Lektorat: Anneke Fröhlich

Titelfoto: Fotolia, © sarsmis
Fotos im Innenteil ohne Fotonachweis: André Chales de Beaulieu

Druck: Westermann Druck, Zwickau

Deutsche Nationalbibliothek – CIP-Einheitsaufnahme
Die Deutsche Nationalbibliothek verzeichnet diese Publikation
in der Deutschen Nationalbibliografie; detaillierte bibliografische
Daten sind im Internet über http://dnb.ddb.de abrufbar.

Alle Rechte vorbehalten.

Abdruck oder Speicherung in elektronischen Medien nur nach
vorheriger schriftlicher Genehmigung durch den Verlag.

Printed in Germany

ISBN 978-3-8404-3513-3

Hinweis
Alle in diesem Buch enthaltenen Angaben wurden nach bestem Wissen erstellt und vom Verlag mit größtmöglicher Sorgfalt überprüft. Eine Verantwortung und Haftung für etwaige inhaltliche Unrichtigkeiten kann jedoch nicht übernommen werden.

Danke
Der Verlag bedankt sich bei der Bauernblatt GmbH, Rendsburg, für die gemeinsame Durchführung des Rezeptwettbewerbs. Aus den Einsendungen wurden die besten Rezepte für dieses Buch ausgewählt und redaktionell sowie inhaltlich überprüft.

Ebenso gilt der Dank allen Teilnehmerinnen und Teilnehmern des Rezeptwettbewerbs, die mit ihren kreativen Ideen für die bunte Rezeptvielfalt in diesem Buch gesorgt haben. Ein großes Dankeschön geht an Marcus Schalkalwies für die fachliche Durchsicht der Rezepte.

Vorwort

Wenn es früher Nachtisch gab, war das etwas Besonderes. Beileibe nicht jeden Tag konnte in vielen Familien eine süße Leckerei nach dem eigentlichen Essen auf den Tisch kommen. Und oft war auch zu Feiertagen oder Geburtstagen das Improvisationstalent der Hausfrau gefragt, um aus wenigen, einfachen Zutaten eine Köstlichkeit zu zaubern.

Heute ist das Problem eher ein anderes: Wer täglich zusätzlich zu den ohnehin oft reichhaltigen Mahlzeiten noch ein üppiges Dessert verspeisen würde, bekäme die Folgen schnell als unliebsame Pölsterchen an den Hüften zu spüren. Lieber seltener, aber dafür umso bewusster genießen, lautet daher die Devise.

Fest steht: Das Dessert, die Nachspeise oder schlicht der Nachtisch sind der krönende und für die meisten Menschen unverzichtbare Abschluss eines Menüs. Der Fantasie sind dabei kaum Grenzen gesetzt, lassen sich doch aus Früchten, Eiern, Milchprodukten, Gewürzen, Schokolade und Co. unzählige Kreationen erschaffen, die zur jeweiligen Jahreszeit ebenso passen wie zum Appetit der Gäste und zur Muße der Köchin oder des Kochs bei der Zubereitung.

Dieses Buch enthält eine praxiserprobte Mischung wunderbarer Nachtischideen, die von den Teilnehmerinnen und Teilnehmern eines Rezeptwettbewerbs eingesandt und der sachkundigen Prüfung einer Jury unterzogen wurden.

Viel Spaß beim Ausprobieren und Genießen!

Inhalt

Tipps und Tricks für die Dessertküche — 8

Ei, Ei, Ei — 8
Allererste Sahne — 10
Schokolade oder Kuvertüre? — 10
Gelatine richtig verarbeiten — 10
Früchte – frisch oder gefroren? — 10

Frisch und fruchtig — 12

Zitronensorbet — 12
Zitronentiramisu — 14
Ananascreme — 14
Panna cotta mit Pflaumen — 15
Himbeertraum — 17
Schwarzwälder Kirschcreme — 18
Kirschtraum mit Eierlikörsahne und Schokomüsli — 19
Granatapfel-Himbeer-Mousse — 21
Sommerliche Erdbeer-Joghurt-Creme — 22
Rhabarber-Erdbeer-Grütze — 22
Heidelbeerpfannkuchen — 23
Erdbeertiramisu — 24
Blitzschnelles Sommerdessert — 26
Italienische Mascarpone-Beeren-Nachspeise — 26
Buttermilchdessert mit Beeren — 27
Orangenpudding — 27
Calvados-Apfel-Creme mit Orangen-Grenadinen-Sirup — 28
Erdbeer-Mandarinen-Gelee — 29
Sektcreme mit Mango-Kiwi-Soße — 31
Pfirsich-Joghurt-Dessert — 32
Rhabarber-Himbeer-Eis — 34
Überraschungsgeschichten Fruchtiges — 35
Mascarpone-Schichtdessert — 36
Bananenparfait — 37
Zicklein am Knick — 38
Quarkspeise mit Apfelmus und Röstflocken — 41
Bunte Götterspeise — 42
Marzipan-Beerenquark-Zauber — 44
Orangencreme Brûlée — 45

Schokoladig und aromatisch — 46

Orangen-Schoko-Mousse — 47
Schokocreme mit Kirschen und Pfefferminzsahne — 46
Schokoladen-Sahne-Creme — 48
Schokoladige Verführung — 48
Himmel und Hölle — 51
Mohnmousse mit Preiselbeerfüllung — 52
Mousse au Chocolat — 54
Quarkcreme Toffeelikör — 55
Echte Götterspeise — 56
Schokoladenpudding mit Birne — 59
Weiße Schokopuddingcreme mit Kirschen — 60
Himbeer-Schokoladen-Mousse — 63
Mousse von der Pflaume — 64
Glühweinkirschen mit Zimtmascarpone — 65
Adventstiramisu — 66
Mandel-Schoko-Creme — 67

Verführerische Nachspeisen

Schokocreme Brûlée
mit Glühweinkirschen — 68
Herbstliches Apfeltiramisu — 70
Weihnachtliches
Kirsch-Lebkuchen-Dessert — 72
Zimtparfait — 72

Cremig und verführerisch — 74

Milchcreme mit Fruchtsoße — 74
Klassische Quarkspeise — 75
Russische Quarkspeise — 76
Zitronenschaum mit Vanillesoße — 76
Buttermilchmousse — 77
Mascarpone-Amarettini-Traum — 79
Waldmeistercreme — 80
Fünf-vor-zwölf-Schnee — 82
Sahniger Milchreis — 83
Casablancacreme
mit Karamellsoße — 84
Welfenspeise — 85
Haselnuss-Joghurt-Creme — 87
Sauerkirschcreme — 88
Sündige Birnenmousse — 91
Marzipancreme — 92
Eistorte — 95

Heiß und süß — 96

Rhabarber-Quark-Auflauf — 96
Marzipanapfel — 97
Weihnachtsbratapfel — 98
Bratapfel mit Krokantfüllung — 98
Quarkknödel mit
karamellisierten Zwetschen — 101
Wintergrütze mit Schnee — 102
Zitronensuppe mit Baiser — 104
Ananas karibische Art — 104
Zimtpflaumen mit Walnusscrumble — 105
Mascarpone-Kürbis-Soufflé — 107
Schwedisches Apfelbiskuit — 108
Apfelzauber — 108
Kaiserschmarrn — 109
Schnee am Kilimandscharo — 110
Süßes Ziegenkäsesoufflé
mit Grapefruit — 113
Beerengratin — 114
Quarkauflauf mit Äpfeln
und Vanillesoße — 116
Gebackene Bananen mit
Haferflocken-Baiser-Haube — 117
Apfelküchlein — 119
Apfel-Johannisbeer-Crumble — 120
Dunkelbiereis mit Schmorbirne — 123

Anhang — 124

Alphabetisches Verzeichnis
der Rezepte — 124
Verzeichnis der
Wettbewerbsteilnehmer — 126

Inhalt

Tipps und Tricks
für die Dessertküche

Die Zubereitung von Nachspeisen ist genau das Richtige für Freunde der kreativen Küche! Viele Rezepte sind spielend leicht zuzubereiten und lassen sich nach Lust und Laune variieren, wenn zum Beispiel anstelle der angegebenen Beerenobstsorte nur eine andere im Haus ist. Wer ein paar wichtige Grundregeln im Umgang mit den häufigsten Zutaten beachtet, wird schnell zum fantasievollen Dessertkoch.

Ei, Ei, Ei

Bei den Rezepten in diesem Buch wird immer von Eiern der Handelsgröße M ausgegangen. Bitte verwenden Sie ausschließlich Eier aus artgerechter Legehennenhaltung.
  Folgendes sollten Sie bei der Verarbeitung von Eiern beachten:
- Ausschließlich frische Eier verwenden – im Zweifel die Wasserglasprobe machen:

Eier werden am besten jeweils einzeln in einem Gefäß aufgeschlagen und erst dann zu den übrigen Zutaten gegeben – so kann man eventuelle Schalensplitter leicht entfernen.

Frische Eier bleiben in einem mit Wasser gefüllten Glas am Boden, nicht mehr ganz so frische richten sich auf, und zu alte Eier steigen an die Wasseroberfläche.
- Nach dem Anfassen roher Eier die Hände gründlich waschen.
- Jedes Ei einzeln in einer kleinen Schüssel oder Tasse aufschlagen und erst dann zu den anderen Zutaten geben. So hat man die Möglichkeit, eventuell mit hineingeratene Schalensplitter leicht mit einem Löffel zu entfernen.
- Eier trennt man am einfachsten, indem man das angeschlagene Ei schräg über ein Gefäß hält und dann das Eigelb mehrmals von der einen Schalenhälfte in die andere gleiten lässt, sodass das Eiweiß in das Gefäß fließt und das Eigelb in der Schale bleibt.
- Damit man Eiweiß zu steifem Schnee schlagen kann, müssen das Gefäß und die Schläger des Handrührgeräts unbedingt sauber und fettfrei sein. Eigelbreste unbedingt vor dem Schlagen von Eischnee entfernen, sonst wird die Masse nicht fest.
- Eischnee vorsichtig, zum Beispiel mit einem Holzlöffel, unter andere Massen heben, damit er nicht zusammenfällt.

Tipps und Tricks für die Dessertküche

Allererste Sahne

Keine Angst vor hohem Fettgehalt: Mit 35 Prozent Fettanteil lässt sich Sahne luftiger und lockerer aufschlagen als mit 30 Prozent Fettanteil. Sie erhalten also mehr Volumen bei weniger Gewicht pro Dessertschale.

Außerdem sollte Sahne immer gut gekühlt und am besten auch in einer kalten Rührschüssel steif geschlagen werden – nicht zu fest, sondern nur schön cremig.

Schokolade oder Kuvertüre?

Qualität zahlt sich aus – was grundsätzlich für alle Zutaten gilt, ist bei der Verarbeitung von Schokolade und Kuvertüre besonders deutlich zu spüren.

Bei der Herstellung von Backwaren und Desserts wird Kuvertüre meist gegenüber der Schokolade bevorzugt, da Kuvertüre ausschließlich aus Kakaomasse, Kakaobutter und Zucker besteht und keine anderen Bestandteile wie weitere Fette enthalten sind.

Für die Herstellung eines perfekt glänzenden Schokoladenüberzugs muss Kuvertüre temperiert werden, damit Kakaobutter und Kakaomasse eine homogene Verbindung eingehen. Am besten geschieht dies vorsichtig im Wasserbad, wobei die Kuvertüre keinesfalls auf mehr als 45 Grad erhitzt werden darf. Dann wird weitere kalte Kuvertüre untergerührt, bis die optimale Verarbeitungstemperatur von 30 bis 33 Grad erreicht ist.

Die ebenfalls im Handel erhältliche „kakaohaltige Fettglasur" ist zwar günstiger, geschmacklich allerdings überhaupt nicht vergleichbar mit guter Schokolade und Kuvertüre.

Gelatine richtig verarbeiten

In vielen Nachspeisenrezepten wird Gelatine oder ein anderes Geliermittel benötigt, um zum Beispiel einer Creme die nötige Festigkeit zu verleihen. Gelatine gibt es als Blatt oder in Pulverform – es ist Geschmackssache, welcher Variante man den Vorzug gibt.

Wichtig ist, Blattgelatine circa 5 Minuten in etwas kaltem Wasser einzuweichen, gut auszudrücken und dann in heißer, nicht kochender Flüssigkeit aufzulösen. Damit es keine Klümpchenbildung gibt, wird die heiße Gelatineflüssigkeit vorsichtig nach und nach mit den anderen Zutaten, beispielsweise einer Quarkcreme, vermengt.

Nachspeisen mit Gelatine lassen sich in der Regel gut am Vortag herstellen. Sie bekommen dann über Nacht im Kühlschrank die gewünschte Festigkeit.

Hinweise zur Gelatineverarbeitung finden sich auch auf den Verpackungen.

Wenn Sie die aus tierischem Eiweiß gewonnene Gelatine nicht verwenden möchten, ist das Geliermittel Agar-Agar aus Algen eine gute Alternative. Es lässt sich prinzipiell ebenso verarbeiten wie die herkömmliche Gelatine.

Früchte – frisch oder gefroren?

Bei vielen Rezepten mit Früchten können Sie sowohl frische als auch tiefgefrorene Früchte verarbeiten. Zum Dekorieren eignet sich Tiefkühlobst allerdings nicht, da es beim Auftauen seine Form verliert und nicht mehr so schön aussieht.

(Foto: Shutterstock.de/barbaradudzinska)

Zur Dekoration eignen sich nur frische Früchte – aufgetautes Tiefkühlobst verliert seine Form.

Backofentemperatur

Grundsätzlich ist bei den angegebenen Temperaturen die Einstellung Ober-/Unterhitze gemeint. Für die Betriebsart Heißluft sowie für Gasherde gelten andere Einstellungen, die Sie ebenso wie die Wahl der richtigen Backofenschiene der Bedienungsanleitung Ihres Ofens entnehmen können.

Abkürzungen

abger.	=	abgerieben
cl	=	Centiliter
EL	=	Esslöffel
g	=	Gramm
geh.	=	gehackt
gem.	=	gemahlen
ger.	=	gerieben
gestr.	=	gestrichen
l	=	Liter
ml	=	Milliliter
Msp.	=	Messerspitze
Pck.	=	Päckchen
Pr.	=	Prise
TK	=	Tiefkühlprodukt
TL	=	Teelöffel
unbeh.	=	unbehandelt

Frisch und fruchtig

Zitronensorbet

Zutaten: (für 4 Portionen)
375 ml Wasser | 175 g Zucker | abger. Schale v. 1 unbeh. Zitrone | Saft v. 2 Zitronen | 4 EL Weißwein | 1 Eiweiß | 1 EL Puderzucker

Zubereitung:
1. Das Wasser mit dem Zucker und der Zitronenschale aufkochen und durchsieben.
2. Zitronensaft und Weißwein zufügen und abkühlen lassen.
3. Im Gefrierschrank tiefkühlen, dabei für eine besonders feine Konsistenz alle 30 Minuten umrühren.
4. In der Zwischenzeit Eiweiß mit Puderzucker steif schlagen.
5. Eischnee unter das Sorbet mischen, bevor es ganz gefroren ist.
6. Das Sorbet mindestens eine weitere Stunde gefrieren lassen.
7. Kräftig durchrühren, in Portionsgläser füllen.

Nach Belieben zum Beispiel mit Minzschokolade oder Minzblättchen dekorieren.

Pro Portion: 1 g Eiweiß, 50 g Kohlenhydrate, 0 g Fett, 230 Kilokalorien

Zitronensorbet

Zitronentiramisu

Zutaten: (für 4 Portionen)
350 g Mascarpone | 80 g Ricotta | Saft und Schale v. ½ unbeh. Zitrone | 40 g Zucker | 150 g Sahne | 200 ml starker Kaffee | 3 EL Kaffeelikör oder Amaretto | 140 g Löffelbiskuit | etwas Kakaopulver

Zubereitung:
1. Mascarpone, Ricotta, Zitronensaft, Zitronenschale und Zucker verrühren.
2. Sahne schlagen und unter die Masse heben.
3. Kaffee und Likör verrühren.
4. Die Hälfte der Löffelbiskuits in einer Auflaufform verteilen und mit der Hälfte der Kaffee-Likör-Mischung beträufeln.
5. Die Hälfte der Creme darauf verteilen.
6. Für die zweite Schicht ebenso verfahren.
7. Das Tiramisu circa 5 Stunden im Kühlschrank durchziehen lassen.
8. Vor dem Servieren mit etwas Kakaopulver bestäuben.

Pro Portion: 12 g Eiweiß, 44 g Kohlenhydrate, 57 g Fett, 760 Kilokalorien

Ananascreme

Zutaten: (für 4 Portionen)
1 frische Ananas oder 800 g Ananasscheiben aus der Dose (Abtropfgewicht) | 250 ml Ananassaft | 125 ml Weißwein | etwas Zucker | abger. Schale v. ½ Zitrone | 6 Blatt weiße Gelatine | 250 g Sahne

Zubereitung:
1. Die frische Ananas schälen, den harten Kern entfernen, in Scheiben und dann in kleine Stücke schneiden. Die Ananas aus der Dose abtropfen lassen und würfeln.
2. Ananassaft und Weißwein in eine Schüssel geben, mit Zucker und Zitronenschale abschmecken.
3. Gelatine in kaltem Wasser einweichen, ausdrücken und mit etwas Saft heiß auflösen.
4. Die Gelatineflüssigkeit vorsichtig in die Saft-Weißwein-Mischung rühren. Kalt stellen.
5. Sahne steif schlagen.

Ananascreme

6. Sobald die Masse halbfest wird, die Sahne locker unterheben, dann die Ananasstücke untermengen.
7. Die Creme in eine Dessertschale oder in 4 Portionsschälchen füllen.

Pro Portion: 5 g Eiweiß, 57 g Kohlenhydrate, 19 g Fett, 450 Kilokalorien

Panna cotta mit Pflaumen

Zutaten: (für 6 Portionen)
500 g Sahne | 1 Vanilleschote | 50 g Zucker | 2 Blatt Gelatine | 500 g Pflaumen | 2 EL Wasser | 100–150 g Zucker | ½ TL Zimt

Zubereitung:
1. Die Vanilleschote längs halbieren, das Mark herauskratzen.
2. Zucker, Vanillemark und Vanilleschote in die Sahne geben und aufkochen.
3. Gelatineblätter 5 Minuten in kaltem Wasser einweichen.
4. Gelatine ausdrücken, in die heiße Flüssigkeit (circa 65 Grad) geben und umrühren. Die Vanilleschote entfernen.
5. Speise in eine Glasschüssel geben und über Nacht im Kühlschrank fest werden lassen.
6. Pflaumen entsteinen und mit Wasser, Zucker und Zimt aufkochen.
7. Unter ständigem Rühren etwa 10 Minuten zu Kompott einköcheln lassen, anschließend kalt stellen.
8. Das Pflaumenkompott auf die Panna-cotta-Masse geben und servieren.

Pro Portion: 3 g Eiweiß, 40 g Kohlenhydrate, 25 g Fett, 400 Kilokalorien

Lässt sich gut vorbereiten.

Anstelle von Pflaumen kann man je nach Saison auch Kirschen, Heidelbeeren oder Himbeeren verwenden. Dann allerdings den Zimt weglassen.

Tipps

Frisch und fruchtig

Himbeertraum

Himbeertraum

Zutaten: (für 4 Portionen)
600 g Tiefkühlhimbeeren | 200 g Sahne | 1 Pck. Vanillezucker | 200 g Sahnejoghurt | 150 g brauner Zucker

Zubereitung:
1. Die tiefgefrorenen Himbeeren in eine flache Auflaufform geben.
2. Sahne mit Vanillezucker steif schlagen.
3. Sahnejoghurt unter die Sahne heben.
4. Die Creme auf den Himbeeren verteilen.
5. Den braunen Zucker überstreuen. Eventuell die Zuckermenge etwas erhöhen, sodass die Creme gut mit dem Zucker bedeckt ist.
6. Den Himbeertraum nicht zugedeckt einige Stunden oder über Nacht im Kühlschrank ziehen lassen.

Pro Portion: 5 g Eiweiß, 51 g Kohlenhydrate, 20 g Fett, 420 Kilokalorien

Variationen:

Anstelle von Sahnejoghurt und Sahne schmeckt der Himbeertraum auch mit einer Mischung aus Quark, Mascarpone und etwas flüssiger Sahne. Auch lohnt es sich, Vanillejoghurt anstelle von Naturjoghurt auszuprobieren.

Wer mag, kann 100 g geraspelte weiße Schokolade unter die Creme ziehen.

Himbeeren und Creme in hohe Portionsgläser schichten, mit braunem Zucker bestreuen und mit frischen Himbeeren garnieren.

Anstelle des braunen Zuckers grob zerbröseltes Baiser verwenden und/oder zwischen Himbeeren und Creme eine Schicht Baiser streuen.

Diese Nachspeise schmeckt auch mit anderen Tiefkühlbeeren oder zum Beispiel einer Mischung aus Himbeeren und gewürfeltem Pfirsich köstlich.

Frisch und fruchtig

Schwarzwälder Kirschcreme

Zutaten: (für 4 Portionen)
250 ml Milch | 75 g Zucker | 1 Pr. Salz | 1 Pck. Vanillezucker | 20 g Speisestärke | 200 g Sahne | 250 g Quark | 3 EL Kirschwasser | ½ Glas Kirschen aus dem Glas (ca. 175 g Abtropfgewicht) | Raspelschokolade zum Verzieren

Zubereitung:
1. Milch, Zucker, Salz und Vanillezucker aufkochen. Mit der Speisestärke andicken.
2. Den Pudding abgedeckt erkalten lassen.
3. Die Sahne steif schlagen, den Quark löffelweise unterheben, das Kirschwasser hinzufügen.
4. Den Pudding mit der Sahne-Quark-Mischung verrühren.
5. Die Kirschen in einem Sieb abtropfen lassen und vorsichtig unterheben. Einige Kirschen für die Verzierung beiseitelegen.
6. Die Creme mit Raspelschokolade und den restlichen Kirschen verzieren.

Pro Portion: 12 g Eiweiß, 44 g Kohlenhydrate, 19 g Fett, 420 Kilokalorien

Tipp

Der Pudding kann bereits am Vortag zubereitet werden.

Kirschtraum
mit Eierlikörsahne und Schokomüsli

Zutaten: (für 10 Portionen)
1 Glas Sauerkirschen (ca. 350 g Abtropfgewicht) | 1–2 EL Zucker | 1 EL Zimt | 200 g Frischkäse | 500 g Quark | 120 g Puderzucker | etwas Milch | 300 g Sahne | 4 TL Vanillezucker | 4 TL Sahnesteif | 225 ml Eierlikör | etwa 300 g Schokomüsli

Zubereitung:
1. Die Kirschen in einem Sieb abtropfen lassen.
2. Zucker und Zimt über die Kirschen geben und mindestens 3 Stunden marinieren lassen. Danach die entstandene Flüssigkeit abgießen.
3. Frischkäse, Quark und Puderzucker mit der Milch cremig rühren.
4. Sahne mit Vanillezucker und Sahnesteif steif schlagen, Eierlikör unter die Sahne ziehen.
5. Zum Anrichten zuerst die Kirschen in eine Dessertschale geben.
6. Nacheinander die Quark-Frischkäse-Creme und die Sahne-Eierlikör-Masse auf die Kirschen geben.
7. Das Schokomüsli separat dazureichen.

Pro Portion: 14 g Eiweiß, 50 g Kohlenhydrate, 21 g Fett, 470 Kilokalorien

Frisch und fruchtig

Granatapfel-Himbeer-Mousse

Granatapfel-Himbeer-Mousse

Zutaten: (für 4 Portionen)
3 Granatäpfel | 1 EL Zucker | 3 EL Grenadinesirup | 50 g Himbeeren | ggf. etwas Granatapfelsaft | 6 Blatt Gelatine | 300 g Sahne

Für die Eiweißmasse:
125 Zucker | 40 g Wasser | 2 Eiweiß

Für die Soße:
200 ml Granatapfelsaft | 50 g Himbeeren | 1 EL Zucker | 20 g Vanillepuddingpulver

Zubereitung:
1. Granatäpfel halbieren, die Kerne herauslösen und in eine Schüssel geben.
2. Den Zucker überstreuen, die Granatapfelkerne mit einer Gabel zerdrücken und den Saft ziehen lassen.
3. Die Fruchtmischung durch ein Sieb geben, den Saft auffangen und abwiegen.
4. Die Himbeeren zum Saft geben.
5. Die Mischung mit dem Grenadinesirup und gegebenenfalls mit etwas Saft auf 500 g auffüllen.
6. Gelatine in kaltem Wasser einweichen.
7. Sahne schlagen.
8. Für das Baiser Zucker und Wasser aufkochen.
9. Eiweiß aufschlagen, die noch heiße Zuckermasse unterschlagen.
10. Die Gelatine in 50 ml heißem Wasser auflösen und in eine große Schüssel geben.
11. Granatapfelsaft-Himbeer-Mischung hinzufügen, gut verrühren.
12. Geschlagene Sahne in die Fruchtmasse geben.
13. Aufgeschlagene Eiweißmasse gut unterrühren (bis keine weißen Eiweißwölkchen mehr zu sehen sind).
14. Die Masse in eine Glasschüssel geben und mindestens 90 Minuten kalt stellen.
15. Für die Soße den Granatapfelsaft mit den Himbeeren und dem Zucker aufkochen, mit Puddingpulver eindicken. Erkalten lassen und durch ein Sieb passieren.
16. Die Soße als Fruchtspiegel auf vier Teller verteilen.
17. Aus der Mousse mit einem zuvor in heißes Wasser getauchten Löffel Nockerln abstechen und diese auf die Fruchtspiegel setzen.

Pro Portion: 7 g Eiweiß, 81 g Kohlenhydrate, 23 g Fett, 570 Kilokalorien

Sommerliche Erdbeer-Joghurt-Creme

Zutaten: (für 4 Portionen)
250 g Sahnequark | 150 g Joghurt | 150 g Sahne | etwas Zucker | 500 g Erdbeeren | etwas Puderzucker | 100 ml Erdbeerlimes oder Erdbeerlikör | 4 Blättchen Minze

Zubereitung:
1. Sahnequark und Joghurt gut verrühren.
2. Sahne steif schlagen und unter die Quarkmischung heben. Nach Geschmack etwas Zucker zugeben.
3. 4 ganze Erdbeeren zur Dekoration beiseitelegen. Die restlichen Erdbeeren waschen, halbieren und mit etwas Puderzucker bestäuben.
4. Die Hälfte des Erdbeerlimes oder Erdbeerlikörs zu den Erdbeeren geben.
5. Die Erdbeeren in 4 Dessertgläser verteilen und die Joghurtcreme darübergeben.
6. Jeweils eine Erdbeere in die Mitte setzen und den restlichen Erdbeerlimes gleichmäßig über die Erdbeeren laufen lassen.
7. Mit je einem Minzblatt dekorieren.

Pro Portion: 8 g Eiweiß, 30 g Kohlenhydrate, 22 g Fett, 350 Kilokalorien

Rhabarber-Erdbeer-Grütze

Zutaten: (für 4 Portionen)
250 g Erdbeeren | 100 g Rhabarber | 400 ml Weißwein | abger. Schale v. ½ Zitrone | 3 EL Zucker | 40 g Speisestärke | 2 EL Wasser

Tipp

Mit Vanilleeis oder Vanillesoße servieren.

Verführerische Nachspeisen

Rhabarber-Erdbeer-Grütze

Zubereitung:
1. Die Erdbeeren waschen, Stiele entfernen und die Früchte halbieren.
2. Den Rhabarber waschen und in 2 cm dicke Stücke schneiden.
3. Die Rhabarberstücke mit Wein, Zucker und Zitronenschale einige Minuten garen; die Stücke sollen nicht zerfallen.
4. Rhabarber auf einem Sieb abtropfen lassen, den Saft auffangen und wieder erhitzen.
5. Speisestärke mit Wasser anrühren, in die Flüssigkeit geben und kurz aufkochen.
6. Die Erdbeeren und den Rhabarber in die kochende Flüssigkeit geben.
7. Die Grütze in einer Dessertschale erkalten lassen.

Pro Portion: 1 g Eiweiß, 26 g Kohlenhydrate, 0 g Fett, 180 Kilokalorien

Heidelbeerpfannkuchen

Zutaten: (für 4 Portionen)
500 g Heidelbeeren | 3 Eier | 375 ml Milch | 200 g Mehl | 2 TL Backpulver | 1 EL Zucker | 1 Pr. Salz | 1 Pr. Zimt | 80 g Butter zum Backen | 3 EL Puderzucker |

Zubereitung:
1. Heidelbeeren waschen, verlesen und trocken tupfen.
2. Eier trennen.
3. Mehl mit Backpulver mischen, Zucker, Salz und Zimt dazugeben.
4. Milch und Eigelb verquirlen und nach und nach in die Mehlmischung einrühren, bis ein glatter Teig entstanden ist.
5. Eiweiß steif schlagen und unter den Teig ziehen.
6. Wenig Butter in einer kleinen Pfanne erhitzen. So viel Teig hineingeben, dass der Boden bedeckt ist. Mit Heidelbeeren bestreuen, dann eine dünne Teigschicht darübergießen.
7. Pfannkuchen von beiden Seiten goldgelb backen, aus der Pfanne nehmen und warm stellen.
8. Die weiteren Pfannkuchen ebenso zubereiten.
9. Vor dem Servieren die Pfannkuchen mit Puderzucker bestreuen.

Pro Portion: 14 g Eiweiß, 70 g Kohlenhydrate, 25 g Fett, 570 Kilokalorien

Erdbeertiramisu

Zutaten: (für 6–8 Portionen)
500 g Erdbeeren I 5 EL Zucker I 2 EL Wasser I 3 Eigelb I 200 g Sahne I 500 g Mascarpone I 200 g Löffelbiskuit

Zubereitung:
1. 300 g Erdbeeren mit 1 EL Zucker und dem Wasser pürieren.
2. Eigelb mit dem restlichen Zucker schaumig rühren.
3. Sahne steif schlagen.
4. Mascarpone mit einem Handrührgerät auf niedriger Stufe unter den Eigelbschaum rühren. Die geschlagene Sahne unterheben.
5. Eine flache Auflaufform mit den Löffelbiskuits auslegen.
6. Das Erdbeerpüree auf dem Biskuitboden verteilen.
7. Die Hälfte der Creme über das Püree geben.
8. Die restlichen Erdbeeren in Würfel schneiden und auf die Creme geben.
9. Mit der restlichen Creme bedecken.
10. Vor dem Servieren einige Stunden oder über Nacht im Kühlschrank durchziehen lassen.

Pro Portion: 11 g Eiweiß, 48 g Kohlenhydrate, 56 g Fett, 750 Kilokalorien

Tipp

Dieses Tiramisu lässt sich auch mit anderen Früchten der Saison zubereiten, zum Beispiel mit Kirschen, Himbeeren oder Brombeeren.

Erdbeertiramisu

Blitzschnelles Sommerdessert

Zutaten: (für 6 Portionen)
500 g Vanilleeis | 500 g Rote Grütze | 100 g Baiser | 200 g Sahne

Zubereitung:
1. Vanilleeis grob mit einem Esslöffel abstechen und in eine Glasschüssel geben.
2. Rote Grütze darüber verteilen.
3. Baiser in nicht zu kleine Brösel brechen und über die Grütze geben.
4. Sahne steif schlagen und darüber verteilen.
5. Nach 20 Minuten servieren, dann ist das Eis schön zartschmelzend.

Pro Portion: 6 g Eiweiß, 52 g Kohlenhydrate, 17 g Fett, 390 Kilokalorien

Tipp

Wer mag, kann das Dessert noch mit etwas Eierlikör beträufeln.

Italienische Mascarpone-Beeren-Nachspeise

Zutaten: (für 4 Portionen)
250 g Mascarpone | 4 EL Amaretto | 4 EL Espresso | 4 EL Puderzucker | 200 g Beeren nach Geschmack | 2 EL Puderzucker | 150 g Sahne

Zubereitung:
1. Mascarpone, Amaretto, Espresso und Puderzucker verrühren.
2. Die Masse in 4 Portionsgläser füllen, 1 Stunde kalt stellen.
3. Einige Beeren zur Dekoration beiseitelegen, die übrigen Beeren mit dem Puderzucker verrühren.
4. Die Sahne steif schlagen.
5. Beerenpüree, Sahne und frische Beeren nacheinander auf die Mascarponecreme schichten.

Pro Portion: 4 g Eiweiß, 40 g Kohlenhydrate, 41 g Fett, 570 Kilokalorien

Verführerische Nachspeisen

Buttermilchdessert mit Beeren

Zutaten: (für 4 Portionen)
375 ml Buttermilch | 125 ml Kirschsaft | 60 g Zucker | Saft v. 1 Zitrone | 9 Blatt Gelatine | 500 g gemischte Beeren | 2 EL Zitronensaft | 3 EL Puderzucker | 125 g Sahne | Raspelschokolade

Zubereitung:
1. Buttermilch, Kirschsaft, Zucker und Zitronensaft verrühren.
2. Die Gelatine 10 Minuten in kaltem Wasser einweichen, ausdrücken, in etwas heißem Wasser auflösen.
3. Die Buttermilchmischung nach und nach in die heiße Gelatineflüssigkeit rühren und abkühlen lassen.
4. Die Masse in eine ausgespülte Kranzform füllen und mindestens 30 Minuten fest werden lassen.
5. In der Zwischenzeit die Beeren mit Zitronensaft und Puderzucker mischen.
6. Die Kranzform 10 Sekunden in heißes Wasser stellen und anschließend auf einen großen Teller stürzen.
7. Die Beeren in die Mitte geben.
8. Die Sahne steif schlagen.
9. Die Nachspeise mit Sahne, Puderzucker und Raspelschokolade verzieren.

Pro Portion: 10 g Eiweiß, 49 g Kohlenhydrate, 13 g Fett, 360 Kilokalorien

Orangenpudding

Zutaten: (für 4 Portionen)
500 ml frisch gepresster Orangensaft | 125 g Zucker | 6 Blatt Gelatine | 250 g Sahne

Zubereitung:
1. Den Orangensaft mit dem Zucker aufkochen.
2. Die Gelatine in etwas kaltem Wasser einweichen und in den heißen Orangensaft geben.
3. Die Mischung abkühlen lassen, bis sie halbfest ist.
4. Die Sahne steif schlagen und unter die Orangenmasse heben.
5. Den Pudding über Nacht kalt stellen.

Pro Portion: 5 g Eiweiß, 44 g Kohlenhydrate, 19 g Fett, 370 Kilokalorien

Calvados-Apfel-Creme mit Orangen-Grenadine-Sirup

Zutaten: (für 6–8 Portionen)

Für den Orangen-Grenadine-Sirup:
200 ml Orangensaft | 100 ml Grenadine | 1 Granatapfel

Für die Apfelcreme:
250 ml Milch | 1 EL Zucker | 1 Pck. Vanillepuddingpulver | 500 g Apfelmus | 2 EL Zitronensaft | Mark v. 1 Vanilleschote | 250 g Sahne | ½ TL Zimt | 1 Pck. Vanillezucker | 3 EL Calvados

Zum Verzieren: einige Blätter Zitronenmelisse

Zubereitung:
1. Für den Sirup Orangensaft und Grenadine im offenen Topf 8 bis 10 Minuten auf etwa 100 ml einkochen, abkühlen lassen.
2. Granatapfel vierteln, Kerne herauslösen und unter den Sirup rühren.
3. Für die Apfelcreme aus Milch, Zucker und Puddingpulver nach Packungsanleitung einen Pudding kochen.
4. Apfelmus mit Zitronensaft und Vanillemark unterrühren, erkalten lassen.
5. Sahne mit Zimt und Vanillezucker steif schlagen und unter die Creme heben.
6. Den Calvados unterrühren.
7. Die Creme mit einem Spritzbeutel in Dessertgläser verteilen und kalt stellen.
8. 2 Stunden vor dem Servieren in den Gefrierschrank stellen.
9. Die Creme vor dem Servieren mit dem Sirup beträufeln und mit einigen Blättern Zitronenmelisse verzieren.

Pro Portion: 3 g Eiweiß, 44 g Kohlenhydrate, 15 g Fett, 340 Kilokalorien

Erdbeer-Mandarinen-Gelee

Zutaten: (für 6–8 Portionen)
2 Dosen Mandarinen (insg. 350 g Abtropfgewicht) I 1 kg Erdbeeren (frisch oder TK) I 150 g Zucker I 6 Blatt rote Gelatine I 100 g Sahne I 300 ml Vanillesoße

Zubereitung:
1. Mandarinen in einem Sieb abtropfen lassen, den Saft auffangen.
2. Erdbeeren putzen, zuckern, etwas ziehen lassen und ebenfalls den Saft auffangen.
3. ½ l gemischten Saft abmessen.
4. Gelatine in etwas kaltem Wasser einweichen.
5. Den Saft mit der ausgedrückten Gelatine verrühren und erwärmen, bis die Gelatine aufgelöst ist.
6. Mandarinen und Erdbeeren in eine Glasschale füllen, den Saft übergießen und mindestens 5 Stunden kalt stellen.
7. Die Sahne schlagen. Das Gelee mit Sahnetupfen garnieren.
8. Mit warmer oder kalter Vanillesoße servieren.

Pro Portion: 6 g Eiweiß, 51 g Kohlenhydrate, 8 g Fett, 310 Kilokalorien

Das Gelee sollte einen Tag vorher zubereitet werden.

Tipp

Frisch und fruchtig

Sektcreme mit Mango-Kiwi-Soße

Sektcreme mit Mango-Kiwi-Soße

Zutaten: (für 4 Portionen)

Für die Creme:
250 g Mascarpone | 1 EL Zitronensaft | 80 g Zucker | 1 Pck. Vanillezucker | 200 ml Sekt | 5 Blatt Gelatine | 200 g Sahne

Für die Soße:
3 Kiwis | 1 Mango | Zucker nach Geschmack | etwas Zitronensaft | etwa 10 Himbeeren | einige Blätter Zitronenmelisse

Zubereitung:
1. Mascarpone mit Zitronensaft, Zucker, Vanillezucker und Sekt cremig rühren.
2. Gelatine einweichen, ausdrücken, in 5 EL heißem Wasser auflösen und die Creme nach und nach unterrühren.
3. Die Creme kalt stellen.
4. Die Sahne steif schlagen und unter die Creme rühren, sobald diese zu stocken beginnt.
5. Nochmals circa 3 Stunden kalt stellen.
6. Für die Soße Kiwis und Mango schälen. Die Früchte getrennt pürieren, mit Zucker und Zitronensaft abschmecken. Die Kiwis nur sehr kurz pürieren, da die Kerne sonst bitter werden.
7. Beide Fruchtpürees auf der Creme verteilen. Mit einem Hölzchen so durchziehen, dass ein schönes Marmormuster entsteht.
8. Mit den Himbeeren dekorativ belegen und mit Zitronenmelisseblättchen verzieren.

Pro Portion: 7 g Eiweiß, 44 g Kohlenhydrate, 45 g Fett, 620 Kilokalorien

Pfirsich-Joghurt-Dessert

Zutaten: (für 4 Portionen)
4 Pfirsichhälften aus der Dose | 175 g Naturjoghurt | 50 g Puderzucker | 4 Blatt weiße Gelatine | Saft v. ½ Limette | Saft v. ½ Orange | 150 g Sahne

Für die Verzierung:
250 g Himbeeren | 2 EL Zucker | 150 g Sahne | 50 g grob zerbröckeltes Baiser | etwas Kakaopulver | einige Blättchen Zitronenmelisse

Zubereitung:
1. Pfirsiche abtropfen lassen, pürieren und mit Joghurt und Puderzucker verrühren.
2. Gelatine in kaltem Wasser einweichen.
3. Limetten- und Orangensaft mit der ausgedrückten Gelatine in einen Topf geben und erhitzen, bis die Gelatine sich aufgelöst hat.
4. Die Pfirsich-Joghurt-Masse nach und nach unter die Saftmischung heben. Zum Gelieren in den Kühlschrank stellen.
5. Die Sahne schlagen und unter die halbfeste Masse heben. In 4 Puddingförmchen füllen, 2–3 Stunden kalt stellen.
6. Für die Verzierung die Himbeeren pürieren, mit Zucker süßen. Die Sahne schlagen.
7. Zum Servieren die Förmchen kurz in heißes Wasser tauchen, auf Teller stürzen. Mit der Sahne dekorieren, etwas Sahne beiseitestellen.
8. Die Baiserstücke auf die Sahnespritzer legen und mit Kakaopulver bestäuben.
9. Das Dessert mit Himbeersoße umgießen. Die restliche Sahne auf die Soße geben, mit einem Hölzchen durchziehen, sodass ein Muster entsteht.
10. Mit Zitronenmelisse verzieren.

Pro Portion: 5 g Eiweiß, 50 g Kohlenhydrate, 25 g Fett, 440 Kilokalorien

Pfirsich-Joghurt-Dessert

Rhabarber-Himbeer-Eis

Rhabarber-Himbeer-Eis

Zutaten: (für 4 Portionen)
300 g Rhabarber | 150 g Himbeeren | 150 g Zucker | 2 EL Himbeergeist | 1 EL Himbeersaft | 250 g Sahne | 250 g Joghurt | 2 Vanilleschoten | 2 Eier | 4 Eigelb | Schale v. 1 unbeh. Limette | 80 g Baiser

Zubereitung:
1. Rhabarber putzen, schälen und in kleine Stücke schneiden.
2. Die Himbeeren verlesen.
3. 75 g Zucker in einem Topf hellbraun karamellisieren. Rhabarber, Himbeeren, Himbeergeist und Himbeersaft zufügen, 15 Minuten zu Mus einkochen, danach abkühlen lassen.
4. Sahne und Joghurt in einen Topf geben.
5. Das Vanillemark auskratzen und zusammen mit den Vanilleschoten zu der Sahne-Joghurt-Mischung geben. Ganz langsam aufkochen.
6. Eier, Eigelb und den restlichen Zucker im heißen Wasserbad mit den Quirlen des Handrührgeräts circa 5 Minuten schaumig schlagen.
7. Die Vanilleschoten aus der Sahne-Joghurt-Mischung entfernen, die Mischung nach und nach unter die Eimasse rühren.
8. Die Hälfte des Limettenabriebs zufügen und die Masse bei mittlerer Hitze mit einem Holzlöffel so lange rühren, bis sie bindet und cremig wird. Nicht höher als 80 Grad erhitzen und auf keinen Fall kochen.
9. Die Masse durch ein feines Sieb gießen und im Eiswasserbad kalt rühren. Restliche Limettenschale zufügen und in der Eismaschine 25 Minuten cremig gefrieren lassen; in den letzten 5 Minuten das Rhabarber-Himbeer-Mus unterrühren. 2 EL Fruchtmus aufbewahren.

Rhabarber-Himbeer-Eis

10. Eine Kastenform mit einem Pinsel feucht ausstreichen, mit Klarsichtfolie auslegen. Eismasse in die Form füllen. Mit einem Löffel in der Mitte längs eine 3 cm tiefe Furche ziehen.
11. Das restliche Rhabarber-Himbeer-Mus hineingeben und mit einer Gabel marmorieren. Das Eis 2–3 Stunden in der Form im Gefriergerät nachfrieren.
12. Eis vor dem Servieren kurz antauen lassen, aus der Form stürzen und die Folie entfernen.
13. Das Baiser zerbröseln und über das Eis streuen.
14. Das Eis in Scheiben schneiden und mit dem restlichen Kompott servieren.

Pro Portion: 12 g Eiweiß, 56 g Kohlenhydrate, 31 g Fett, 570 Kilokalorien

Überraschungsgeschichten

Zutaten: (für 6–8 Portionen)
1 kg gemischtes Obst nach Geschmack (frisch oder TK) | 100 g geh. Mandeln | 8 EL Zucker | 200 g Butterkekse | 20–30 ml Nusslikör | 200 g Sahne | 250 ml Milch | 1 Pck. Vanillesoßenpulver (oder 20 g Vanillepuddingpulver) | 4 Eier

Zubereitung:
1. Obst in eine flache Auflaufform füllen.
2. Mit den gehackten Mandeln und 4 EL Zucker bestreuen.
3. Butterkekse auf dem Obst verteilen.
4. Die Keksschicht mit Likör beträufeln.
5. Sahne, Milch und den restlichen Zucker erhitzen, das Vanillesoßenpulver mit etwas Milch verrühren und in die kochende Flüssigkeit einrühren. Die Soße im Wasserbad erkalten lassen.
6. Eier trennen.
7. Eigelb in die erkaltete Soße rühren.
8. Den Backofen auf 250 Grad vorheizen.
9. Eiweiß steif schlagen.
10. Die Vanillesoße auf die Keksschicht gießen.
11. Den Eischnee auf die Soße geben, gut verteilen.
12. Die Auflaufform circa 3 bis 5 Minuten in den Backofen stellen, bis die Eischneemasse leicht gebräunt ist.
13. Direkt aus dem Ofen servieren oder bis zum Servieren in den Kühlschrank stellen.

Pro Portion: 14 g Eiweiß, 72 g Kohlenhydrate, 32 g Fett, 640 Kilokalorien

Frisch und fruchtig

Fruchtiges Mascarpone-Schichtdessert

Zutaten: (für 4 Portionen)
1 TL Butter | 80 g Löffelbiskuit | 3–4 EL Pfirsichlikör | 6 Pfirsichhälften (frisch oder aus der Dose) | 3–4 EL Feigen (aus der Dose) | 250 g Mascarpone | 2 TL Vanillezucker | 3 EL Sahne | 2 EL Puderzucker

Zur Dekoration:
1 Pfirsichhälfte | 1 Feige | 2 Erdbeeren | ½ Kiwi | 2 EL Puderzucker

Zubereitung:
1. Eine flache Dessertform mit Butter ausstreichen, mit den Löffelbiskuits auslegen und mit dem Pfirsichlikör beträufeln.
2. Die Pfirsichhälften in kleine Würfel, die Feigen in feine Scheiben schneiden.
3. Mascarpone mit Vanillezucker, Sahne und Puderzucker glatt rühren.
4. Die Hälfte der Masse auf die Biskuits streichen.
5. Mit den Pfirsichwürfeln und den Feigenscheiben bedecken und den Rest Mascarponecreme darübergeben.
6. Kalt stellen.
7. Kurz vor dem Servieren die Pfirsichhälfte zur Dekoration in Fächer schneiden.
8. Die Feige und die Erdbeeren halbieren, die halbe Kiwi in Scheiben schneiden.
9. Das Obst auf der Mascarponecreme verteilen.
10. Mit dem Puderzucker bestäuben.

Pro Portion: 7 g Eiweiß, 58 g Kohlenhydrate, 35 g Fett, 590 Kilokalorien

Fruchtiges Mascarpone-Schichtdessert

Bananenparfait

Bananenparfait

Zutaten: (für 8 Portionen)
8 Eigelb | 8 EL Zucker | 8 EL Wasser | 4 reife Bananen | 3 EL Zitronensaft | 400 g Sahne | 600 g Himbeeren (TK) | Schokoladenstreusel

Zubereitung:
1. Eigelb mit Zucker und Wasser im Wasserbad aufschlagen, bis die Masse dicklich wird. Abkühlen lassen.
2. Bananen pürieren, Zitronensaft unterrühren. Das Bananenpüree zur Creme geben.
3. Sahne steif schlagen und unter die Creme heben, einen kleinen Rest zum Garnieren beiseitestellen.
4. Himbeeren antauen lassen.
5. Die Hälfte der Creme in eine Glasschüssel geben, die Himbeeren darauf verteilen (einige für die Garnierung zurücklassen) und die restliche Creme darübergeben.
6. Das Parfait 3 Stunden in den Gefrierschrank stellen.
7. Mit Sahnetupfen, Himbeeren und Schokoladenstreuseln garnieren.

Pro Portion: 6 g Eiweiß, 42 g Kohlenhydrate, 23 g Fett, 410 Kilokalorien

Frisch und fruchtig

Zicklein am Knick

Zutaten: (für 4 Portionen)
500 g Kreten (Haferpflaumen) | 100 ml Apfelsaft | 50 g brauner Rohrzucker | 1 TL Speisestärke | 5 EL Wasser | 8 runde Scheiben Pumpernickelbrot | 150 g Ziegenfrischkäse | 8 TL Zuckerrübensirup | 100 g Walnüsse

Zubereitung:
1. Die Kreten waschen, halbieren und entsteinen.
2. Die Früchte in einen Topf geben und mit Apfelsaft und Zucker aufkochen. Bei mittlerer Hitze stückig zu einem Kompott einkochen.
3. Die Speisestärke mit dem Wasser glatt rühren. Unter das Kompott rühren und 2 Minuten köcheln lassen. Fruchtkompott abkühlen lassen.
4. Die Pumpernickelscheiben mit dem Ziegenfrischkäse bestreichen.
5. Jeweils 2 Scheiben auf einen Teller setzen. Über jede Pumpernickelscheibe 1 TL Zuckerrübensirup laufen lassen.
6. Die Walnüsse hacken und über die Brotscheiben streuen.
7. Das Kretenkompott neben den Brotscheiben auf den Tellern anrichten.

Pro Portion: 13 g Eiweiß, 61 g Kohlenhydrate, 25 g Fett, 520 Kilokalorien

Tipp
Das Dessert schmeckt herrlich im Spätsommer oder im frühen Herbst.

Zicklein am Knick

Quarkspeise mit Apfelmus und Röstflocken

Quarkspeise mit Apfelmus und Röstflocken

Zutaten: (für 10 Portionen)

Für die Röstflocken:
60 g Butter | 125 g kernige Haferflocken | 40 g geh. Haselnüsse | 100 g Zucker

Für das Apfelmus:
1 kg Äpfel | 100 ml Apfelsaft | Vanillezucker oder Zucker nach Geschmack

Für die Quarkspeise:
500 g Quark | 2 EL Milch | 3 EL Zucker | 2 Pck. Vanillezucker | 250 g Sahne

Zubereitung:
1. Für die Röstflocken Butter, Haferflocken, Haselnüsse und Zucker in einer Pfanne goldbraun rösten. Auf ein kaltes Backblech geben und abkühlen lassen.
2. Für das Apfelmus die Äpfel schälen, entkernen und in Stücke schneiden.
3. Äpfel mit Apfelsaft und Vanillezucker aufkochen und circa 10 Minuten köcheln lassen. Mit Zucker oder Vanillezucker abschmecken.
4. Die weichen Apfelstücke mit einem Kartoffelstampfer zerdrücken.
5. Das Apfelmus abkühlen lassen.
6. Für die Quarkspeise Quark und Milch verrühren und mit Zucker und Vanillezucker abschmecken.
7. Sahne steif schlagen.
8. Quark und Sahne vorsichtig verrühren.
9. Zum Anrichten Quark und Apfelkompott schichtweise in eine Glasschüssel oder in Portionsschälchen füllen. Kurz vor dem Servieren die Röstflocken aufstreuen.

Pro Portion: 10 g Eiweiß, 37 g Kohlenhydrate, 16 g Fett, 340 Kilokalorien

Tipp

Die Röstflocken und das Apfelmus kann man gut am Vortag zubereiten.

Bunte Götterspeise

Zutaten: (für 12 Portionen)
1 Pck. Götterspeise Waldmeister | 1 Pck. Götterspeise Zitrone | 1 Pck. Götterspeise Kirsche | 1 Kiwi | einige frische Kirschen | 200 g geschlagene Sahne | einige Blätter Zitronenminze oder Erdbeerminze

Zubereitung:
1. Die Götterspeise Waldmeister nach Packungsaufschrift zubereiten.
2. In 12 hohe, hitzebeständige Gläser füllen, schräg in den Kühlschrank stellen und fest werden lassen.
3. Die Kiwi schälen und in dünne Scheiben schneiden. Jeweils eine Kiwischeibe auf die fest gewordene Götterspeise legen.
4. Die Götterspeise Zitrone ebenso zubereiten, dickflüssig stocken lassen und erst dann über den Waldmeisterpudding gießen.
5. Wieder schräg stellen und fest werden lassen.
6. Die frischen Kirschen darauf verteilen.
7. Die Götterspeise Kirsche zubereiten, ebenso wie oben abkühlen lassen und als oberste Schicht in die Gläser geben.
8. Die fest gewordene Nachspeise mit Sahne, jeweils einer Kirsche und Minzblättern verzieren.

Pro Portion: 1 g Eiweiß, 22 g Kohlenhydrate, 5 g Fett, 140 Kilokalorien

Tipp

Ein etwas aufwendigeres Rezept, das aber toll aussieht und köstlich frisch schmeckt. Es kann sehr gut am Vortag zubereitet werden.

Bunte Götterspeise

Marzipan-Beerenquark-Zauber

Zutaten: (für 6–8 Portionen)
400 g Himbeeren oder Johannisbeeren | 1 EL Puderzucker | 400 g Quark | 100 g Crème fraîche | 200 g Joghurt | 5 EL Sanddornsirup | 1 EL Limettensaft | 300 g Marzipanbrot | 25 g geröstete Mandelstifte | 2 EL Milch | 3 EL Schokoladenstreusel

Zubereitung:
1. Beeren verlesen oder waschen, gut abtropfen lassen und mit Puderzucker bestreuen. Einige Beeren zur Dekoration aufbewahren.
2. Quark mit Crème fraîche und Joghurt glatt rühren, dabei Sanddornsirup und Limettensaft zufügen.
3. Marzipanbrot zerbröseln oder mit einer Küchenreibe grob reiben. Etwas Marzipan zum Garnieren beiseitestellen, den Rest mit den Mandeln in die Quarkmasse rühren. Falls die Creme zu fest ist, etwas Milch unterrühren.
4. Die Beeren und die Schokoladenstreusel in die Quarkmasse geben und gut unterheben.
5. Die Nachspeise 1 bis 2 Stunden im Kühlschrank durchziehen lassen. Mit den restlichen Marzipanbröseln und einigen Beeren garnieren.

Pro Portion: 16 g Eiweiß, 60 g Kohlenhydrate, 19 g Fett, 480 Kilokalorien

Orangencreme Brûlée

Zutaten: (für 4 Portionen)
1 Vanilleschote | 300 g Sahne | 1 EL frisch gepresster Orangensaft | Schale v. 1 unbeh. Orange | 4 Eigelb | 70 g Zucker | 2 EL brauner Zucker

Zubereitung
1. Den Backofen auf 125 Grad vorheizen.
2. Die Vanilleschote anritzen und das Mark herausschaben.
3. Die Sahne mit dem Orangensaft, der Orangenschale, dem Vanillemark und der Vanilleschote aufkochen, dann etwas abkühlen lassen.
4. Eigelb und Zucker schaumig rühren.
5. Die Eigelbmischung unter die Sahnemischung rühren.
6. Die Flüssigkeit durch ein Sieb in 4 ofenfeste Portionsformen gießen.
7. Die Creme Brûlée circa 1 Stunde im Ofen garen, dann abkühlen lassen.
8. Kurz vor dem Servieren den Backofen auf höchste Grilltemperatur stellen.
9. Auf jede Creme eine dünne Schicht braunen Zucker streuen.
10. Die Formen auf der oberen Einschubleiste kurz in den Ofen stellen, bis der Zucker hellbraun karamellisiert.
11. Sofort servieren.

Pro Portion: 5 g Eiweiß, 30 g Kohlenhydrate, 29 g Fett, 400 Kilokalorien

Frisch und fruchtig

Schokoladig und aromatisch

Schokocreme mit Kirschen und Pfefferminzsahne

Zutaten: (für 4 Portionen)
200 g Sahne | 40 g Pfefferminzschokolade | 500 ml Milch | 20 g Vollmilchschokolade | 20 g Zartbitterschokolade | 1 EL brauner Zucker | ¼ EL Lebkuchengewürz | 1 Pck. Vanillezucker | 45 g Speisestärke | 250 g Kirschen | Raspelschokolade und Kirschen als Verzierung

Zubereitung:
1. Am Vortag Sahne mit Pfefferminzschokolade unter Rühren aufkochen, mindestens 12 Stunden abkühlen lassen.
2. Milch mit Schokolade, Zucker und Gewürzen aufkochen.

Schokocreme mit Kirschen und Pfefferminzsahne

3. Mit in etwas Milch angerührter Speisestärke andicken.
4. Unter häufigem Rühren abkühlen lassen, damit die Masse cremig bleibt, danach in Gläser füllen.
5. Die Kirschen gut abtropfen lassen und auf der Creme verteilen.
6. Die Pfefferminzsahne steif schlagen wie „normale" Sahne, mit großer Spritztülle auf die Kirschen geben.
7. Mit Raspelschokolade und Kirschen garnieren.

Pro Portion: 7 g Eiweiß, 46 g Kohlenhydrate, 27 g Fett, 460 Kilokalorien

Orangen-Schoko-Mousse

Zutaten: (für 4 Portionen)
100 g Zartbitterschokolade | 1 Ei | 2 EL Zucker | 150 g Sahne | 2 EL Orangenlikör | 1 Msp. Zimt | 3 Orangen | 2 EL Amarenakirschen | 1 EL Mandelkerne | 1 EL ungesalzene Pistazien

Zubereitung:
1. Schokolade im Wasserbad schmelzen.
2. Das Ei trennen. Eiweiß zu Schnee schlagen, Eigelb mit Zucker schaumig schlagen.
3. Die Sahne schlagen.
4. Geschmolzene Schokolade, Eigelbschaum, Eischnee, Sahne und Orangenlikör verrühren. Mit etwas Zimt abschmecken, etwa 4 Stunden kalt stellen.
5. Orangen schälen und filetieren, Filets halbieren.
6. Amarenakirschen halbieren.
7. Mandelkerne kurz in der Pfanne rösten.
8. Die Creme mit Orangen, Amarenakirschen, Mandelkernen und Pistazien vermengen.

Pro Portion: 6 g Eiweiß, 37 g Kohlenhydrate, 24 g Fett, 400 Kilokalorien

Tipp

Zur Dekoration eignen sich Amarenakirschen, Pistazien und Sahne. Der Orangenlikör kann auch weggelassen werden.

Schokoladig und aromatisch

Schokoladen-Sahne-Creme

Zutaten: (für 4 Portionen)
2 Eier | 2 TL Zucker | 100 g Zartbitterschokolade | 250 g Sahne | 2 TL Kirschwasser

Zubereitung:
1. Die Eier trennen.
2. Eigelb und Zucker schaumig schlagen.
3. Schokolade im heißen Wasserbad auflösen und zu der Eigelb-Zucker-Masse geben.
4. Eiweiß und Sahne getrennt steif schlagen.
5. Kirschwasser unter die Schokoladencreme heben.
6. Kalt stellen und servieren.

Pro Portion: 7 g Eiweiß, 18 g Kohlenhydrate, 30 g Fett, 370 Kilokalorien

Tipp
Aus der Masse lassen sich gut mit einem zuvor in heißes Wasser getauchten Löffel Nockerln abstechen.

Schokoladige Verführung

Zutaten: (für 4 Portionen)

Für die Mousse:
75 g Zartbitterkuvertüre | 2 Eier | 2 cl Rum oder Amarettolikör | 1 EL brauner Zucker | 100 g Lebkuchen ohne Glasur und Oblate | 150 g Sahne

Für die Soße:
50 g Zucker | 500 ml Portwein | 2 Vanilleschoten | 1 Sternanis | ½ Zimtstange | 2 EL Schwarzer Johannisbeerlikör | 300 g Beerenfrüchte (Erdbeeren, Himbeeren, Heidelbeeren, Brombeeren)

Zubereitung:
1. Die Zartbitterkuvertüre grob hacken. In einer Metallschüssel über dem Wasserbad unter ständigem Rühren schmelzen lassen.
2. Die Eier trennen.

Verführerische Nachspeisen

Schokoladige Verführung

→ Schokoladige Verführung

3. In einer weiteren Schüssel über dem Wasserbad Eigelb, Rum oder Amarettolikör und braunen Zucker schaumig schlagen.
4. Die Lebkuchen zerbröseln und mit der flüssigen Kuvertüre unter die Eimasse rühren. Abkühlen lassen.
5. Eiweiß und Sahne getrennt steif schlagen. Im Wechsel portionsweise unter die Schokoladenmasse heben. Im Kühlschrank über Nacht kalt stellen.
6. Für die Soße den Zucker in einem Topf karamellisieren.
7. Portwein zugießen und auf ein Drittel der Menge einköcheln lassen.
8. Aufgeschnittene Vanilleschoten, Sternanis und Zimtstange dazugeben, nochmals aufkochen, zur Seite stellen und ziehen lassen.
9. Die abgekühlte Soße durch ein Sieb streichen. Mit Johannisbeerlikör verrühren. Die Beerenmischung einlegen.
10. Aus der Schokoladenmousse Nockerln ausstechen, auf Tellern oder in Dessertschüsseln anrichten. Die Beeren mit der Soße dazugeben.

Pro Portion: 9 g Eiweiß, 60 g Kohlenhydrate, 25 g Fett, 660 Kilokalorien

Zum Verzieren eignen sich Minzblätter und Puderzucker.

Tipp

Schokoladig und aromatisch

Himmel und Hölle

Himmel und Hölle

Zutaten: (für 4 Portionen)
100 g weiße Kuvertüre | 100 g Vollmilchkuvertüre | 350 g Sahne | 1 TL ger. Zitronenschale | 1 TL ger. Orangenschale | 50 g weiße Schokolade | 50 g Vollmilchschokolade | 2 TL Zitronenzesten | 2 TL Orangenzesten

Zubereitung:
1. Die weiße und die Vollmilchkuvertüre einzeln im Wasserbad schmelzen und zum Abkühlen beiseitestellen.
2. Die Sahne steif schlagen.
3. Unter die Hälfte der Sahne die abgekühlte, aber noch flüssige weiße Kuvertüre und die geriebene Zitronenschale heben. Unter die andere Hälfte der Sahne die abgekühlte, aber noch flüssige Vollmilchkuvertüre und die geriebene Orangenschale heben.
4. Die weiße und die Vollmilchschokolade nacheinander mit der Küchenreibe zu Borkenschokolade verarbeiten.
5. Die Hälfte der weißen Borkenschokolade zu der weißen Kuvertüre-Sahne-Masse und die Hälfte der Vollmilch-Borkenschokolade zu der Vollmilch-Sahne-Masse geben und vorsichtig unterheben.
6. Beide Massen 2 bis 3 Stunden kalt stellen.
7. Mit einem Esslöffel auf 4 Dessertteller je eine Portion der weißen und der Vollmilchschokoladen-Sahne-Masse setzen.
8. Mit der restlichen Borkenschokolade sowie den Zitronen- und Orangenzesten garnieren.

Pro Portion: 8 g Eiweiß, 25 g Kohlenhydrate, 44 g Fett, 620 Kilokalorien

Mohnmousse mit Preiselbeerfüllung

Zutaten: (für 4 Portionen)
2 Blatt Gelatine I 125 ml Milch I 200 g gequetschter Mohn I 2 TL Vanillezucker I 200 g weiße Schokolade I 4 EL Sahne I 4 Eier I 1 Pr. Salz I 30 g Zucker I 125 g Sahne I 50 g Marzipan I 200 g Wildpreiselbeerkonfitüre

Für das Karamell:
100 g Zucker I 50 g Glukosesirup I 100 ml Wasser I 60 g Butter I 60 g Zartbitterkuvertüre

Zubereitung:
1. Gelatine in kaltem Wasser einweichen.
2. Milch aufkochen und den Mohn einrühren.
3. Vanillezucker hinzufügen und unterrühren.
4. Mohnmasse etwas abkühlen lassen.
5. Schokolade hacken und mit 4 EL Sahne im Wasserbad schmelzen, dabei immer wieder umrühren.
6. Eier trennen.
7. Eigelb mit Salz verquirlen, Eiweiß mit Zucker aufschlagen.
8. Sahne steif schlagen.
9. Das Eigelb mit dem Marzipan verkneten.
10. Die Mohnmasse in die Eigelbmasse einrühren, die aufgelöste Gelatine dazugeben und unterheben.
11. Weiße Schokolade in die Ei-Mohn-Masse rühren.
12. Erst die geschlagene Sahne, dann den Eischnee unter die Masse heben.
13. Die Mohnmousse schichtweise mit den Preiselbeeren in eine Schale oder in 4 Dessertgläser füllen und circa 1 Stunde kalt stellen.
14. Für das Karamell Zucker, Glukosesirup und Wasser aufkochen.

Mohnmousse mit Preiselbeerfüllung

Mohnmousse mit Preiselbeerfüllung

15. Den Backofen auf 180 Grad vorheizen.
16. Die Butter und die Kuvertüre unterrühren, bis sich eine homogene Masse ergibt.
17. Die Masse auf ein mit Backpapier ausgelegtes Backblech geben und in den Ofen schieben.
18. Wenn das Karamell Blasen schlägt (nach circa 5 Minuten), das Blech aus dem Ofen nehmen und abkühlen lassen.
19. Das Karamell entweder nach circa 2 Minuten in die gewünschte Form schneiden oder im erkalteten Zustand in Stücke brechen.
20. Vor dem Servieren das Karamell auf der Mousse verteilen, nach Belieben mit Sahnetupfen und etwas Preiselbeerkonfitüre garnieren.

Pro Portion: 19 g Eiweiß, 131 g Kohlenhydrate, 68 g Fett, 1210 Kilokalorien

Schokoladig und aromatisch

Mousse au Chocolat

Zutaten: (für 6 Portionen)
10 Eier I 600 g Sahne I 3 Pck. Sahnesteif I 400 g dunkle Schokolade (70 % Kakaoanteil) I Mark v. 1 Vanilleschote I ½ TL Kaffeepulver

Zubereitung:
1. Die Eier trennen.
2. Das Eiweiß zu Schnee schlagen.
3. Die Sahne mit dem Sahnesteif schlagen.
4. Die Schokolade im Wasserbad schmelzen, etwas abkühlen lassen.
5. Die Vanilleschote längs aufschneiden, das Mark herauskratzen.
6. Das Eigelb schaumig schlagen, Vanillemark und Kaffeepulver unterrühren.
7. Die noch flüssige Schokolade unter die Eigelbmasse rühren.
8. Die Sahne unterziehen.
9. Zuletzt den Eischnee unterheben.
10. Die Mousse vor dem Servieren einige Stunden kalt stellen.

Pro Portion: 21 g Eiweiß, 39 g Kohlenhydrate, 52 g Fett, 710 Kilokalorien

Tipp

Achten Sie bei dieser Nachspeise ganz besonders auf die Verwendung sehr frischer Eier.

Quarkcreme Toffeelikör

Zutaten: (für 6 Portionen)
500 g Quark | 400 g Schmand | 100 g Zucker | 4 EL Vanillezucker | 1 Glas Sauerkirschen (ca. 350 g Abtropfgewicht) | 190 ml Toffeelikör | Raspelschokolade zum Verzieren

Zubereitung:
1. Quark, Schmand, Zucker und Vanillezucker gut verrühren.
2. Die Kirschen in einem Sieb abtropfen lassen.
3. Toffeelikör zur Quarkcreme geben und weiterrühren.
4. Die Kirschen unterheben.
5. Die Creme in eine Glasschüssel geben und kalt stellen.
6. Vor dem Servieren mit der Raspelschokolade bestreuen.

Pro Portion: 15 g Eiweiß, 56 g Kohlenhydrate, 19 g Fett, 500 Kilokalorien

Statt mit Quark und Schmand kann die Creme auch mit Mascarpone und Joghurt hergestellt werden.

Statt der Kirschen passen auch Himbeeren.

Tipps

Schokoladig und aromatisch

Echte Götterspeise

Zutaten: (für 4 Portionen)
300 g dunkles Vollkornbrot | 500 g Sahne | 1 ½ TL Vanillezucker | 5 EL Rum oder Kirschwasser | 150 g Sauerkirschmarmelade | 150 g Raspelschokolade

Zubereitung:
1. Das Brot entrinden und zerbröseln.
2. Die Sahne mit dem Vanillezucker steif schlagen.
3. Den Boden einer Dessertschüssel mit einem Drittel der Schwarzbrotbrösel bedecken.
4. Die Brotschicht mit 2 EL Rum oder Kirschwasser beträufeln.
5. 3 EL Marmelade aufstreichen.
6. Eine daumendicke Schicht Schlagsahne darüber verteilen.
7. 50 g Raspelschokolade überstreuen.
8. Eine zweite Schicht Schwarzbrotbrösel darübergeben und die Zutaten weiter einschichten. Mit einer Schicht Sahne und Raspelschokolade abschließen.
9. Vor dem Servieren die Götterspeise einen halben Tag ziehen lassen.

Pro Portion: 12 g Eiweiß, 81 g Kohlenhydrate, 50 g Fett, 850 Kilokalorien

Echte Götterspeise

57

Schokoladenpudding mit Birne

Schokoladenpudding mit Birne

Zutaten: (für 4 Portionen)
500 ml Milch I Schokoladenpuddingpulver für 500 ml Milch I 40 g Zucker I 1 Eigelb I 1 gehäufter EL Kaffeepulver I 1 EL gute Trinkschokolade I 2 EL geh. Mandeln I 1 Eiweiß I 4–5 Birnenhälften aus der Dose I 125 g Sahne zum Garnieren

Zubereitung:
1. 5 EL Milch mit dem Puddingpulver, dem Zucker und dem Eigelb anrühren.
2. Die übrige Milch mit dem Kaffeepulver, der Trinkschokolade und den gehackten Mandeln zum Kochen bringen.
3. Die Milch von der Kochstelle nehmen.
4. Das angerührte Puddingpulver hinzugeben und unter stetigem Rühren noch einmal gut aufkochen lassen, dann von der Kochstelle nehmen.
5. Das Eiweiß steif schlagen und vorsichtig unter den Pudding heben.
6. Birnenhälften in eine Glasschüssel oder in Portionsschälchen geben (Schnittkante nach unten), etwas Birnensaft hinzugeben.
7. Den Pudding auf die Birnen geben und kalt stellen.
8. Sahne steif schlagen und den Pudding vor dem Servieren mit Sahnetupfen verzieren.

Pro Portion: 10 g Eiweiß, 38 g Kohlenhydrate, 17 g Fett, 350 Kilokalorien

Weiße Schokopuddingcreme mit Kirschen

Zutaten: (für 4 Portionen)
500 g Sahne | 200 g weiße Schokolade | 1 Glas Sauerkirschen (ca. 350 g Abtropfgewicht) | 1 ½ Pck. Vanillepuddingpulver | 500 ml Milch | 60 g Zucker | 3 Pck. Sahnesteif | weiße Schokolade zum Verzieren

Zubereitung:
1. Sahne vorsichtig erhitzen.
2. Schokolade in Stücke brechen und unter Rühren in der warmen Sahne auflösen.
3. Die Masse über Nacht im Kühlschrank ruhen lassen.
4. Die Kirschen in einem Sieb abtropfen lassen, den Saft auffangen.
5. ½ Päckchen Puddingpulver mit etwas Wasser anrühren.
6. Den Kirschsaft zum Kochen bringen und mit dem angerührten Puddingpulver andicken. Die Kirschen zugeben.
7. Die Kirschmasse in eine Glasschüssel geben und abkühlen lassen.
8. Die Milch mit dem Zucker zum Kochen bringen, mit 1 Päckchen angerührtem Puddingpulver binden und unter gelegentlichem Umrühren abkühlen lassen.
9. Die Schokoladensahne mit Sahnesteif schlagen und vorsichtig unter die Puddingmasse heben.
10. Die Masse auf das Kirschkompott streichen.
11. Vor dem Servieren weiße Schokolade raspeln und über den Pudding streuen.

Pro Portion: 5 g Eiweiß, 45 g Kohlenhydrate, 30 g Fett, 470 Kilokalorien

Weiße Schokopuddingcreme mit Kirschen

Himbeer-Schokoladen-Mousse

Himbeer-Schokoladen-Mousse

Zutaten: (für 10 Portionen)
6 Blatt Gelatine | 300 g weiße Schokolade | 2 Eier | 3 Eigelb | 50 g Zucker | 1 Pr. Salz | 2 EL Himbeergeist | Schale u. Saft v. ½ Zitrone | 500 g Himbeerpüree | 500 g Sahne | 450 g Sahnejoghurt

Zubereitung:
1. Die Gelatine in kaltem Wasser einweichen.
2. Die weiße Schokolade in einer Schüssel über einem heißen Wasserbad zum Schmelzen bringen.
3. Eier, Eigelb, Zucker, Salz, Himbeergeist, Zitronensaft und -schale in eine Schüssel geben und über dem Wasserbad schaumig rühren.
4. Die ausgedrückte Gelatine in die warme Masse rühren und vollständig auflösen.
5. Die Schokolade und das Himbeerpüree unterrühren.
6. Die Masse etwas abkühlen lassen.
7. Die Sahne steif schlagen.
8. Sahne und Joghurt unter die abgekühlte Masse heben.
9. Die Masse in eine Dessertschüssel füllen und circa 5 Stunden in den Kühlschrank stellen.

Pro Portion: 8 g Eiweiß, 30 g Kohlenhydrate, 32 g Fett, 450 Kilokalorien

Nach Belieben mit weißer Raspelschokolade und einigen frischen Himbeeren garnieren.

Tipp

Schokoladig und aromatisch

Mousse von der Pflaume

Zutaten: (für 4 Portionen)
600 g Pflaumen | 2 Pck. Vanillezucker | 1 Zimtstange | 6 Nelken | 100 ml Wasser | 6 Blatt Gelatine | 3 Eiweiß | 50 g Zucker | 300 g Sahne | 3 EL Pflaumenlikör oder Pflaumensaft

Zubereitung:
1. Die Pflaumen waschen und entkernen.
2. Die Pflaumen mit dem Vanillezucker, der Zimtstange, den Nelken und dem Wasser in einen Topf geben und weich kochen.
3. Die Gelatine in kaltem Wasser einweichen.
4. Zimtstange und Nelken aus der noch warmen Pflaumenmasse entfernen.
5. Die Masse durch ein Sieb streichen oder durch eine Passiermühle drehen.
6. Die Gelatine ausdrücken, in der warmen Pflaumenmasse auflösen und abkühlen lassen.
7. Das Eiweiß mit dem Zucker steif schlagen und unter die abgekühlte Pflaumenmasse heben.
8. In den Kühlschrank stellen, bis die Masse halbfest wird.
9. Die Sahne steif schlagen und unter die halbfeste Pflaumenmasse heben.
10. Die Mousse mit dem Pflaumenlikör oder Pflaumensaft abschmecken und in eine Dessertschüssel oder in Portionsformen geben.

Pro Portion: 8 g Eiweiß, 37 g Kohlenhydrate, 3 g Fett, 220 Kilokalorien

Tipps

Die Gewürze in einen Teebeutel oder ein Tee-Ei zum Mitkochen geben, das erleichtert das anschließende Entfernen.

Dazu schmeckt Vanilleeis.

Glühweinkirschen mit Zimtmascarpone

Zutaten: (für 6 Portionen)
1 Glas Sauerkirschen (ca. 350 g Abtropfgewicht) | 25 g Speisestärke | 150 g Zucker | 1 Zimtstange | 5 Nelken | 5 Kardamomkapseln | 250 g Mascarpone | 250 g Magerquark | 1 Pck. Vanillezucker | 100 ml Milch | 1 TL Zimt | 1 TL abger. Limettenschale | einige Stängel Minze

Zubereitung:
1. Die Kirschen in einem Sieb abtropfen lassen, den Saft auffangen.
2. Speisestärke mit 3 EL Kirschsaft vermengen. Den übrigen Saft mit 50 g Zucker, Zimtstange, Nelken und Kardamom circa 5 Minuten bei milder Hitze kochen lassen. Die Gewürze danach herausnehmen.
3. Die angerührte Stärke in den Saft rühren, noch einmal aufkochen lassen.
4. Kirschen unterrühren und auskühlen lassen.
5. Mascarpone, Quark, restlichen Zucker, Vanillezucker, Milch, Zimt und Limettenschale glatt rühren.
6. Mascarponecreme und Kirschmasse abwechselnd in Gläser schichten.
7. Mit der Minze verzieren.

Pro Portion: 9 g Eiweiß, 46 g Kohlenhydrate, 21 g Fett, 410 Kilokalorien

Tipp

Statt der einzelnen Gewürze für die Sauerkirschen kann auch fertiges Glühweingewürz verwendet werden.

Schokoladig und aromatisch

Adventstiramisu

Zutaten: (für 4 Portionen)
80 g Sahne | 100 g Mascarpone | 100 g Quark | 40 g Zucker | 1 Pck. Vanillezucker | 80 g Spekulatius | 160 g gemischte Beeren (TK) | 2 EL Zimt

Zubereitung:
1. Die Sahne steif schlagen.
2. Mascarpone, Quark, Zucker und Vanillezucker verrühren und unter die Sahne heben.
3. Die Hälfte der Creme in eine flache Auflaufform geben.
4. Den Spekulatius auf die Creme legen, einige Kekse beiseitestellen.
5. Die Beeren über die Kekse geben.
6. Die restliche Creme auf den Beeren verteilen.
7. Den restlichen Spekulatius grob zerbröseln und über die Creme streuen.
8. Das Dessert mindestens eine Stunde kalt stellen.
9. Mit Zimt bestreuen.

Pro Portion: 7 g Eiweiß, 28 g Kohlenhydrate, 23 g Fett, 350 Kilokalorien

Tipp

Mithilfe ausgeschnittener Pappsterne oder anderer weihnachtlicher Motive lassen sich mit dem Zimt schöne Muster auf das Tiramisu zaubern.

Verführerische Nachspeisen

Mandel-Schoko-Creme

Zutaten: (für 4 Portionen)
7 Blatt Gelatine | ½ Vanillestange | 500 ml Milch | 3–4 EL Zucker | 100 g Zartbitter- oder Vollmilchschokolade | 100 g geh. Mandeln | 250 g Sahne

Zubereitung:
1. Gelatine in kaltem Wasser einweichen.
2. Die Vanillestange längs aufschneiden.
3. Die Milch mit der Vanillestange und dem Zucker in einen Topf geben und aufkochen.
4. Die eingeweichte Gelatine ausdrücken und vorsichtig in der heißen Milch auflösen.
5. Die Milchmasse zum Auskühlen beiseitestellen.
6. Schokolade in schmale Stücke brechen oder mit der Küchenreibe grob reiben.
7. Die Sahne steif schlagen.
8. Wenn die Milchmischung fest zu werden beginnt, die geschlagene Sahne, Mandeln und Schokolade unterrühren.
9. Die Creme in eine Glasschüssel geben und im Kühlschrank fest werden lassen.

Pro Portion: 15 g Eiweiß, 37 g Kohlenhydrate, 45 g Fett, 610 Kilokalorien

Mit Sahnetupfen und Raspelschokolade garnieren.

Nach Geschmack mit Fruchtsoße servieren.

Tipps

Schokoladig und aromatisch

Schokocreme Brûlée mit Glühweinkirschen

Zutaten: (für 4 Portionen)
70 g Zartbitterschokolade | 250 ml Milch | 100 g Sahne | 4 EL Honig | 150 g Zucker | 4 Eigelb | 1 Ei | 1 Glas Sauerkirschen (ca. 350 g Abtropfgewicht) | 2 Sternanis | 1 Zimtstange | ½ TL Nelkenpulver | 120 ml Portwein | 2 TL Speisestärke

Zubereitung:
1. Schokolade hacken.
2. Milch, Sahne und 3 EL Honig aufkochen, die Schokolade darin schmelzen.
3. 2 EL Zucker, Eigelb und Ei verrühren und die Schokomilch langsam einrühren.
4. Backofen auf 125 Grad (Ober- und Unterhitze) vorheizen.
5. Die Flüssigkeit in 4 ofenfeste flache Portionsformen füllen und auf die Fettpfanne des Backofens stellen.
6. Warmes Wasser angießen, sodass die Formen im Wasser stehen.
7. Die Creme Brûlée circa 90 Minuten im Ofen garen, danach abkühlen lassen und kalt stellen.
8. Die Kirschen in einem Sieb abtropfen lassen, den Saft in einem Topf auffangen.
9. Sternanis, Zimtstange, Nelkenpulver und 3 EL Zucker sowie 1 EL Honig und 5 EL Portwein zum Saft geben und aufkochen.
10. Stärke im restlichen Portwein anrühren, den kochenden Saft damit binden und abkühlen lassen. Sternanis und Zimtstange entfernen.
11. Die Kirschen in die lauwarme Soße geben.
12. Kalte Creme mit je 1 bis 2 EL Zucker bestreuen und mit dem Gasbrenner oder unter dem heißen Grill im Backofen karamellisieren.
13. Vor dem Servieren die Kirschen an einer Seite auf die Creme Brûlée geben.

Pro Portion: 10 g Eiweiß, 88 g Kohlenhydrate, 24 g Fett, 640 Kilokalorien

Schokocreme Brûlée mit Glühweinkirschen

Herbstliches Apfeltiramisu

Herbstliches Apfeltiramisu

Zutaten: (für 8 Portionen)

Für das Walnussbiskuit:
3 Eier | 120 g Zucker | 1 Pr. Salz | 1 Pr. gem. Zimt | 100 g gem. Walnüsse | 40 g Mehl | 1 gestr. TL Backpulver | 2 TL Sonnenblumenöl | 30 g Butter

Für das Apfelkompott:
700–800 g Äpfel | 1 EL Zitronensaft | 80 g Zucker | 150 ml Apfeldirektsaft | ½ Pck. Vanillepuddingpulver

Für die Mascarponecreme:
2 Eigelb | 2 EL Rum | 50 g Zucker | 2 TL Zitronensaft | 50 ml Apfelsaft | 2 Blatt Gelatine | 250 g Mascarpone | 100 g Sahne | 2 Eiweiß | 30 g Zucker

Außerdem:
50 ml Apfeldirektsaft | 2 EL Rum | 1 EL Zitronensaft

Herbstliches Apfeltiramisu

Zubereitung:
1. Für das Walnussbiskuit den Backofen auf 180 Grad vorheizen.
2. Eier, Zucker, Salz und Zimt circa 10 Minuten schaumig schlagen.
3. Walnüsse, Mehl und Backpulver mischen und vorsichtig unter die Eimasse ziehen.
4. Öl und Butter kurz erwärmen und unter den Teig rühren.
5. Den Teig auf ein mit Backpapier belegtes Backblech geben und 15 Minuten backen, danach abkühlen lassen.
6. Für das Apfelkompott Äpfel schälen, entkernen und fein würfeln.
7. 500 g Apfelwürfel abmessen und mit dem Zitronensaft marinieren.
8. Zucker im Topf karamellisieren, mit Apfelsaft ablöschen.
9. Apfelwürfel hineingeben und 3 bis 5 Minuten köcheln lassen. Die Äpfel dürfen nicht zu weich werden.
10. Vanillepuddingpulver mit 4 EL Apfelsaft kalt anrühren. Das Apfelkompott damit binden und kurz aufkochen.
11. In eine Schüssel füllen und abkühlen lassen.
12. Für die Mascarponecreme Eigelb, Rum, Zucker, Zitronensaft und Apfelsaft 3 bis 5 Minuten in einer Schüssel über dem heißen Wasserbad aufschlagen.
13. Gelatine in kaltem Wasser einweichen, ausdrücken und unter die warme Eimasse rühren.
14. Schüssel vom Herd nehmen, die Mascarpone unterrühren.
15. Sahne steif schlagen und unterheben.
16. Eiweiß mit Zucker steif schlagen und vorsichtig unter die Creme heben.
17. Das Walnussbiskuit in 2 Rechtecke à circa 30 x 20 cm schneiden (passend für die gewählte Form).
18. Den ersten Boden in die Form legen.
19. Apfelsaft, Rum und Zitronensaft verrühren, die Hälfte mit einem Pinsel auf dem Biskuit verteilen.
20. Das Apfelkompott auf den Biskuitboden geben.
21. Den zweiten Walnussboden auf das Kompott legen und mit dem restlichen Apfelsaft bestreichen.
22. Die Mascarponecreme auf das Biskuit streichen.
23. Das Tiramisu über Nacht in den Kühlschrank stellen.

Pro Portion: 9 g Eiweiß, 56 g Kohlenhydrate, 35 g Fett, 590 Kilokalorien

Tipps

Vor dem Servieren karamellisierte gehackte Walnüsse auf die Creme streuen.

Das Apfeltiramisu auf jeden Fall einen Tag vorher zubereiten – so können sich die Aromen optimal entfalten und es lässt sich gut in Portionsstücke teilen.

Weihnachtliches Kirsch-Lebkuchen-Dessert

Zutaten: (für 4 Portionen)
4 Lebkuchen (ohne Glasur) | 1 Glas Sauerkirschen (ca. 350 g Abtropfgewicht) | 200 g Sahne | 1 TL Zucker | 2 EL Kirschwasser | Zimt zum Garnieren

Zutaten:
1. Die Lebkuchen von der Oblate trennen und im Mixer zerbröseln.
2. Die Kirschen in einem Sieb abtropfen lassen, den Saft auffangen.
3. Die Sahne mit etwas Zucker steif schlagen.
4. In 4 große Gläser eine Lage Lebkuchenbrösel, darauf eine Lage Kirschen mit etwas Kirschsaft und Kirschwasser und dann eine Schicht Sahne füllen.
5. Die Zutaten schichtweise einfüllen, die oberste Schicht soll aus Sahne bestehen.
6. Vor dem Servieren eine Stunde kalt stellen.
7. Nach Belieben mit Zimt bestreuen.

Pro Portion: 6 g Eiweiß, 45 g Kohlenhydrate, 25 g Fett, 450 Kilokalorien

Zimtparfait

Zutaten: (für 4 Portionen)
100 ml Milch | 1 Pck. Vanillezucker | 3 Eigelb | 75 g Puderzucker | 2 TL Zimt | 3 EL Rum | 250 g Sahne

1. Milch und Vanillezucker erhitzen.
2. Eigelb und Puderzucker schaumig rühren.
3. Die heiße Milch unter ständigem Rühren in die Eimasse geben.
4. Im Wasserbad die Ei-Milch-Mischung so lange weiterschlagen, bis sie dickcremig wird.
5. Zimt und Rum einrühren und kalt stellen.
6. Sahne steif schlagen und unter das Parfait heben.
7. Masse in eine Kastenform geben und circa 2 Stunden einfrieren.
8. Form stürzen, Parfait in Scheiben schneiden und auf Desserttellern anrichten.

Pro Portion: 5 g Eiweiß, 24 g Kohlenhydrate, 24 g Fett, 350 Kilokalorien

Verführerische Nachspeisen

Zimtparfait

Cremig und verführerisch

Milchcreme mit Fruchtsoße

Zutaten: (für 4 Portionen)

Für die Milchcreme:
250 ml Milch | 2 EL Zucker | 1 Pck. Vanillezucker | 1–2 EL Rum | 4 Blatt weiße Gelatine | 125 g Sahne

Für die Fruchtsoße:
500 g Obst (z. B. Erdbeeren, Pfirsiche) | 2–4 EL Zucker

Milchcreme mit Fruchtsoße

Zubereitung:
1. Milch, Zucker, Vanillezucker und Rum verrühren und abschmecken.
2. Die Gelatine in kaltem Wasser einweichen, ausdrücken und bei schwacher Hitze in einem kleinen Kochtopf auflösen. Nicht kochen.
3. 1 EL der Milchmischung in die Gelatine geben und verrühren, dann weitere 5 EL der Milchmischung zugeben. Nun die Gelatine ganz in die Milch geben, gut verrühren und kalt stellen.
4. Die Sahne steif schlagen und unter die halbfeste Milchmasse heben. Die Creme in eine Schüssel geben.
5. Das Obst je nach Säure mit dem Zucker pürieren.
6. Die Creme mit der Fruchtsoße servieren.

Pro Portion: 6 g Eiweiß, 36 g Kohlenhydrate, 12 g Fett, 290 Kilokalorien

Klassische Quarkspeise

Zutaten: (für 4–6 Portionen)
250 ml Milch | 2 EL Zucker | ½ Pck. Vanillepuddingpulver | 750 g Magerquark | 100 g weiche Butter | ca. 50 g Zucker | 1 Pck. Vanillezucker

Zubereitung:
1. Milch, Zucker und Puddingpulver aufkochen, etwas abkühlen lassen.
2. Den Pudding mit dem Quark und der Butter verrühren.
3. Mit Zucker und Vanillezucker abschmecken.
4. Bis zum Servieren kalt stellen.

Pro Portion: 28 g Eiweiß, 36 g Kohlenhydrate, 24 g Fett, 470 Kilokalorien

Nach Geschmack mit Zitronensaft und abgeriebener Zitronenschale abschmecken.

Tipp

Cremig und verführerisch

Russische Quarkspeise

Zutaten: (für 4 Portionen)
75 g Butter | 6 EL Zucker | 2 Eigelb | 1 TL Vanillezucker | Schale v. ½ Zitrone | 500 g Magerquark | 200 g Sahne | 50 g Mandelsplitter | 2 Blatt Gelatine

Zubereitung:
1. Butter und Zucker schaumig rühren.
2. Eigelb, Vanillezucker und Zitronenschale dazugeben.
3. Magerquark untermischen.
4. Die Sahne schlagen und ebenfalls untermischen.
5. Die Mandelsplitter zufügen und unterrühren.
6. Die Gelatine in kaltem Wasser einweichen, ausdrücken und in einem Topf erwärmen.
7. Die Quark-Sahne-Masse nach und nach in den Topf geben.
8. Vor dem Servieren die Quarkspeise circa 2 Stunden kalt stellen.

Pro Portion: 23 g Eiweiß, 40 g Kohlenhydrate, 41 g Fett, 620 Kilokalorien

Tipp Dazu passen frische Früchte der Saison.

Zitronenschaum mit Vanillesoße

Zutaten: (für 4 Portionen)

Für die Zitronencreme:
2 unbeh. Zitronen | 3 Blatt Gelatine | 4 Eier | 4 EL Zucker | 1 Pr. Salz

Für die Vanillesoße:
500 ml Milch | 2 Eigelb | 1 TL Speisestärke | 2 EL Zucker | Mark v. ½ Vanilleschote

Zubereitung:
1. Für die Zitronencreme die Zitronen abreiben und auspressen.
2. Die Gelatine einweichen, ausdrücken und in etwas warmem Wasser auflösen.
3. Die Eier trennen.

→ Zitronenschaum mit Vanillesoße

4. Eigelb mit 3 EL Zucker luftig aufschlagen.
5. Die Eigelbcreme in die gelöste Gelatine geben, unterheben.
6. Zitronenschale und -saft hinzugeben.
7. Eiweiß mit dem restlichen Zucker und Salz aufschlagen.
8. Eiweiß unter die Eigelb-Zitronen-Creme heben.
9. Die Creme circa 4 Stunden kalt stellen.
10. Für die Vanillesoße 4 EL Milch mit Eigelb und Speisestärke verrühren.
11. Die restliche Milch erhitzen.
12. Zucker und Vanillemark in die heiße Milch geben, mit der Eigelbmischung andicken, abkühlen lassen.
13. Den Zitronenschaum in Portionsformen verteilen und mit der Vanillesoße servieren.

Pro Portion: 14 g Eiweiß, 45 g Kohlenhydrate, 14 g Fett, 370 Kilokalorien

Buttermilchmousse

Zutaten: (für 4 Portionen)
125 g Puderzucker | Saft v. 2 Zitronen | 500 ml Buttermilch | 125 g Schmand | 6 Blatt Gelatine | 200 g Sahne

Zubereitung:
1. Puderzucker in eine Schüssel sieben und mit dem Zitronensaft glatt rühren.
2. Buttermilch und Schmand unter Rühren hinzufügen.
3. Gelatine einweichen und ausdrücken.
4. Gelatine in etwas heißem Wasser auflösen und vorsichtig mit der Buttermilchmasse vermengen.
5. Sahne steif schlagen.
6. Wenn die Buttermilchmasse fest wird, die Sahne unterheben.
7. Die Mousse in 4 Portionsschälchen verteilen.
8. Mindestens 4 Stunden vor dem Verzehr kalt stellen.

Pro Portion: 9 g Eiweiß, 45 g Kohlenhydrate, 22 g Fett, 420 Kilokalorien

Tipp

Zur Buttermilchmousse passen pürierte Früchte wie zum Beispiel Pfirsiche, Himbeeren oder Erdbeeren als Soßenbeilage.

Cremig und verführerisch

Mascarpone-Amarettini-Traum

Mascarpone-Amarettini-Traum

Zutaten: (für 4 Portionen)
160 g Weintrauben | 40 g Amarettini (italienisches Kleingebäck) | 40 ml Apfelsaft | 120 g Sahne | 80 g Mascarpone | 50 g Naturjoghurt | 20 g Zucker | 10 ml Zitronensaft | Kakaopulver

Zubereitung:
1. Weintrauben waschen, halbieren, entkernen, die Hälfte der Trauben in Dessertgläser oder in eine Glasschüssel geben.
2. Amarettini auf den Weintrauben verteilen.
3. Apfelsaft darüberträufeln.
4. Sahne steif schlagen.
5. Mascarpone, Joghurt, Zucker, Zitronensaft und geschlagene Sahne verrühren.
6. Die Hälfte der Creme auf die Amarettini geben.
7. Die restlichen Weintrauben (einige zur Dekoration beiseitelegen) auf der Creme verteilen, die restliche Creme darübergeben und glatt streichen.
8. Die Nachspeise etwas durchziehen lassen.
9. Vor dem Servieren mit Kakaopulver bestäuben und mit den restlichen Weintrauben dekorieren.

Pro Portion: 4 g Eiweiß, 19 g Kohlenhydrate, 22 g Fett, 290 Kilokalorien

Waldmeistercreme

Zutaten: (für 4 Portionen)
500 g Dickmilch | Saft v. 1 Zitrone | 150 ml Waldmeistersirup | 50 g Zucker | 2 Pck. Vanillezucker | 6 Blatt weiße Gelatine | 500 g Sahne | frischer Waldmeister oder Zitronenscheiben zum Garnieren

Zubereitung:
1. Dickmilch mit Zitronensaft, Waldmeistersirup, Zucker und Vanillezucker verrühren.
2. Gelatine in etwas Wasser einweichen, ausdrücken und in einem Topf erwärmen.
3. Die Dickmilchmasse nach und nach in die Gelatine rühren.
4. Sahne steif schlagen.
5. Die geschlagene Sahne unter die gestockte Dickmilchmasse heben.
6. Die Creme über Nacht in den Kühlschrank stellen.
7. Vor dem Servieren mit Waldmeisterblättern oder Zitronenscheiben garnieren.

Pro Portion: 10 g Eiweiß, 55 g Kohlenhydrate, 43 g Fett, 650 Kilokalorien

Tipp

Schmeckt herrlich erfrischend und ist besonders im Mai ein beliebter Nachtisch.

Waldmeistercreme

Fünf-vor-zwölf-Schnee

Fünf-vor-zwölf-Schnee

Zutaten: (für 4 Portionen)
400 g Magerquark | 150 g Naturjoghurt | 150 g Sahne | 100 g Zucker | 1 Pck. Vanillezucker | 3 EL Zitronensaft | 200 g Mandarinen aus der Dose | Raspelschokolade zum Garnieren

Zubereitung:
1. Quark, Joghurt, Sahne, Zucker, Zitronensaft und Vanillezucker mit dem Handrührgerät gut verrühren.

Verführerische Nachspeisen

Fünf-vor-zwölf-Schnee

2. Mandarinen unterheben.
3. Auf Portionsschälchen verteilen.
4. Mit Raspelschokolade servieren.

Pro Portion: 16 g Eiweiß, 47 g Kohlenhydrate, 15 g Fett, 390 Kilokalorien

Tipps

Anstelle von Mandarinen kann man auch Früchte der Saison wie Erdbeeren, Kirschen, Pfirsiche oder Weintrauben nehmen.

Der richtige Nachtisch, wenn man schnell eine köstliche Süßspeise für Überraschungsgäste auf den Tisch zaubern möchte.

Sahniger Milchreis

Zutaten: (für 4 Portionen)
600 ml Milch | 1 EL Vanillezucker | 50 g Milchreis | 4 Blatt Gelatine | 1 EL Amaretto oder Rum | 350 g Sahne

Zubereitung:
1. Milch mit dem Vanillezucker in einem Topf erhitzen.
2. Den Milchreis zufügen und unter Rühren bei geringer Hitze garen.
3. Die Gelatine einweichen, ausdrücken und unter den gegarten, heißen Milchreis rühren.
4. Amaretto oder Rum unterrühren.
5. Den Milchreis kalt stellen, bis er zu stocken beginnt.
6. Die Sahne steif schlagen und unter die kalte Reismasse heben.
7. Bis zum Servieren kalt stellen.

Pro Portion: 10 g Eiweiß, 25 g Kohlenhydrate, 32 g Fett, 430 Kilokalorien

Tipps

Dazu passen Apfelmus oder angedickte Kirschen.
Die Speise kann für Kinder auch ohne Alkohol zubereitet werden.
Die Nachspeise kann sehr gut am Tag zuvor zubereitet werden.

Cremig und verführerisch

Casablancacreme mit Karamellsoße

Zutaten: (für 6–8 Portionen)

Für die Creme:
2 Blatt Gelatine | 120 g Zucker | 250 ml Weißwein | Schale u. Saft v. 1 Zitrone | 125 ml Wasser | 6 Eigelb | 2 EL Speisestärke | 1 Vanilleschote | 350 g weiße kernlose Weintrauben | 350 g blaue kernlose Weintrauben | 100 g Puderzucker | 3 Eiweiß

Für die Karamellsoße:
150 g Zucker | 180 g Sahne | 6 EL Apfellikör

Zubereitung:
1. Gelatine in kaltem Wasser einweichen.
2. Zucker mit etwas Wein im Topf aufkochen, ausgedrückte Gelatine, Zitronensaft, restlichen Wein und Wasser unter die Weinmischung geben, vom Herd nehmen.
3. In einem zweiten Topf Eigelb mit der Speisestärke verrühren.
4. Nach und nach die Weinmischung bei schwacher Hitze unter Rühren hinzufügen.
5. Das Mark aus der Vanilleschote kratzen.
6. Zitronenschale, Vanilleschote und Vanillemark in die Weinmischung geben und die Creme bis kurz vor dem Kochen aufschlagen.
7. Von der Kochstelle nehmen, die Vanilleschote entfernen und die Creme in der Küchenmaschine kalt schlagen.
8. Die Creme in eine flache Auflaufform füllen.
9. Im Kühlschrank circa 3 Stunden kühlen.
10. Die gewaschenen Weintrauben auf die Creme geben.
11. Eiweiß mit Puderzucker steif schlagen, mit einem Spritzbeutel auf die Weintrauben spritzen.
12. Kurz im Backofengrill goldbraun überbacken.
13. Für die Soße Zucker in der Pfanne karamellisieren.
14. Sahne mit in die Pfanne gießen und gut einkochen lassen.
15. Mit Likör abschmecken.

Pro Portion: 7,3 g Eiweiß, 90 g Kohlenhydrate, 16 g Fett, 580 Kilokalorien

Tipp

Mit Löffelbiskuit servieren.

Welfenspeise

Zutaten: (für 6 Portionen)

Für die weiße Creme:
500 ml Milch | ½ Vanillestange | 35 g Speisestärke | etwas Wasser | 30 g Zucker | 2 Eiweiß

Für die gelbe Creme:
4 Blatt weiße Gelatine | 3 Eier | 125 ml Weißwein | 70 g Zucker | Saft u. Schale v. 1 Zitrone

Zubereitung:
1. Für die weiße Creme Milch mit der Vanillestange aufkochen.
2. Die Speisestärke kalt mit Wasser anrühren, in die kochende Milch geben und binden lassen.
3. Mit Zucker abschmecken.
4. Eiweiß steif schlagen und unterheben.
5. Die Masse in eine Glasschale geben.
6. Für die gelbe Creme die Gelatine in kaltem Wasser einweichen, dann ausdrücken.
7. Eier, Weißwein, Zucker, Zitronensaft und -schale sowie Gelatine im Wasserbad bis zum Dickwerden aufschlagen.
8. Die gelbe Masse über die weiße geben und vor dem Servieren erkalten lassen.

Pro Portion: 9 g Eiweiß, 28 g Kohlenhydrate, 6 g Fett, 220 Kilokalorien

Haselnuss-Joghurt-Creme

Haselnuss-Joghurt-Creme

Zutaten: (für 4 Portionen)
4 Blatt weiße Gelatine | 300 g Vanillejoghurt | 80–100 g Zucker | Schale u. Saft v. 1 Zitrone | 50 g gem. Haselnüsse | 200 g Sahne | ganze Haselnüsse zum Verzieren

Zubereitung:
1. Gelatine in kaltem Wasser einweichen.
2. Vanillejoghurt, Zucker, Zitronenschale und Zitronensaft mit einem Schneebesen verrühren.
3. Die gemahlenen Haselnüsse hinzufügen und unterrühren.
4. Die Gelatine ausdrücken und in wenig heißem Wasser auflösen. Vorsichtig in die Creme rühren.
5. Die Sahne steif schlagen, etwas Sahne für die Verzierung aufheben. Die übrige Sahne unter die halbfeste Creme heben.
6. Die Creme in Glasschüsseln anrichten und kalt stellen.
7. Vor dem Servieren mit Sahnetupfen und ganzen Haselnüssen verzieren.

Pro Portion: 7 g Eiweiß, 38 g Kohlenhydrate, 25 g Fett, 420 Kilokalorien

Cremig und verführerisch

Sauerkirschcreme

Zutaten: (für 4 Portionen)
4 Eier | 100 g Zucker | 2 cl Rum | 10 EL Kirschsaft | Schale u. Saft v. ½ Zitrone | 6 Blatt rote Gelatine | 200 g Sahne | 150 g Sauerkirschen aus dem Glas

Zum Verzieren:
200 g Sahne | dunkle Raspelschokolade

Zubereitung:
1. Die Eier trennen.
2. Eigelb mit Zucker cremig aufschlagen.
3. Rum, Kirschsaft sowie Zitronenschale und -saft hinzufügen und aufschlagen.
4. Die Gelatine in etwas Wasser auflösen, ausdrücken und zur Eigelbmasse geben.
5. Die Creme fest werden lassen.
6. Eiweiß steif schlagen.
7. Die Hälfte der Sahne schlagen.
8. Die Kirschen zur Creme geben.
9. Die geschlagene Sahne unterheben.
10. Den Eischnee unterheben.
11. In Portionsschalen oder eine Glasschüssel füllen und im Kühlschrank über Nacht fest werden lassen.
12. Vor dem Servieren die Sahne zum Verzieren schlagen, die Creme mit Rosetten verzieren und mit Raspelschokolade bestreuen.

Pro Portion: 13 g Eiweiß, 43 g Kohlenhydrate, 39 g Fett, 590 Kilokalorien

Tipp

Wer möchte, kann auf den Rum verzichten und stattdessen nur Fruchtsaft verwenden.

Sauerkirschcreme

Sündige Birnenmousse

Sündige Birnenmousse

Zutaten: (für 4 Portionen)
4 große Birnen (z. B. Williams Christ) | 2 EL Limettensaft | 2 EL Birnengeist | 1 Pr. Zimt | 3 EL Honig | 250 g Mascarpone | 4 Blatt weiße Gelatine

Für die Soße:
200 g Sahne | 200 g Nussnougatcreme | 1 große reife Kakifrucht | 2 EL Raspelschokolade oder Kakao zum Bestreuen

Zubereitung:
1. Die Birnen schälen, vierteln, vom Kerngehäuse befreien und mit Limettensaft, Birnengeist, Zimt, Honig und Mascarpone im Mixer pürieren.
2. Die Gelatine in etwas Wasser einweichen, ausdrücken, in einer Tasse mit 2 EL kochendem Wasser auflösen und sofort unter die Birnenmasse rühren. Circa 3 Stunden im Kühlschrank kalt stellen.
3. Für die Soße die Sahne aufkochen, die Nussnougatcreme darin schmelzen und wieder abkühlen lassen.
4. Die Soße als Spiegel auf 4 Dessertteller gießen.
5. Die Kakifrucht schälen, in nicht zu dünne Scheiben schneiden und portionsweise jeweils in der Mitte der Teller platzieren.
6. Birnenmousse mit einem Löffel abstechen und auf die Kakifruchtscheiben geben.
7. Mit Raspelschokolade oder Kakao bestreut servieren.

Pro Portion: 13 g Eiweiß, 84 g Kohlenhydrate, 62 g Fett, 930 Kilokalorien

Marzipancreme

Zutaten: (für 4 Portionen)
6 Blatt Gelatine I 375 ml Milch I 200 g Marzipanrohmasse I 4 Eigelb I 75 g Zucker I 3 Tropfen Bittermandelöl I 400 g Sahne I 50 g Mandelblätter

Zubereitung:
1. Die Gelatine in etwas Wasser einweichen.
2. Die Milch aufkochen.
3. Die Marzipanrohmasse klein schneiden und mit etwas heißer Milch cremig rühren.
4. Eigelb mit Zucker schaumig rühren.
5. Die Marzipancreme und die Milch zur Eigelbmasse geben.
6. Die Masse im Wasserbad circa 4 Minuten unter gelegentlichem Umrühren erhitzen.
7. Die gut ausgedrückte Gelatine in der Creme auflösen, kalt stellen.
8. In der Zwischenzeit die Sahne steif schlagen.
9. Kurz bevor die Creme zu stocken beginnt, 3 Tropfen Bittermandelöl und die Sahne unter die Creme heben.
10. Die Creme auf 4 Dessertgläser verteilen und kalt stellen.

Pro Portion: 20 g Eiweiß, 46 g Kohlenhydrate, 51 g Fett, 840 Kilokalorien

Tipp

Die Marzipancreme mit Sahnetupfen und Mandelblättern garnieren.

Marzipancreme

Eistorte

Eistorte

Zutaten: (für 4 Portionen)
3 Eier | 80 g Zucker | Mark v. 1 Vanilleschote | 600 g Sahne | 8 Baisertörtchen (100 g) | 100 g Vollmilchkuvertüre | Obststücke und Schokoladenstreusel zum Dekorieren | rote Fruchtsoße oder Schokoladensoße

Zubereitung:
1. Die Eier trennen.
2. Eigelb, Zucker und Vanillemark schaumig rühren.
3. Eiweiß und Sahne getrennt steif schlagen.
4. Erst die Eigelbmasse, dann den Eischnee unter die Sahne heben.
5. Die Baisertörtchen zerkleinern, die Kuvertüre raspeln.
6. Baiserkrümel und Kuvertüre unter die Creme heben.
7. Eine Springform mit Frischhaltefolie oder Alufolie auslegen.
8. Die Creme einfüllen und einige Stunden tiefgefrieren.
9. Die Eistorte circa 10 Minuten vor dem Verzehr aus dem Gefrierschrank nehmen und nach Belieben mit Obst und Schokoladenstreuseln dekorieren.
10. Mit Frucht- oder Schokoladensoße servieren.

Pro Portion: 13 g Eiweiß, 54 g Kohlenhydrate, 52 g Fett, 730 Kilokalorien

Heiß und süß

Rhabarber-Quark-Auflauf

Zutaten: (für 4 Portionen)
500 g Rhabarber I 3 Eier I 150 g Zucker I 1 Pck. Vanillezucker I 1 TL Zitronensaft I 375 g Quark I 100 g Grieß I 2 TL Backpulver I 1 Pr. Salz

Zubereitung:
1. Den Rhabarber waschen, putzen und in 2 cm dicke Stücke schneiden.
2. Die Eier trennen.
3. Eigelb mit Zucker, Vanillezucker und Zitronensaft schaumig schlagen.
4. Quark, Grieß und Backpulver zur Eimasse geben und gut verrühren.

Verführerische Nachspeisen

Rhabarber-Quark-Auflauf

5. Das Eiweiß mit dem Salz steif schlagen und vorsichtig unter die Masse heben.
6. Die Rhabarberstücke mit der Teigmasse vermengen.
7. Eine Auflaufform mit etwas Butter einfetten und die Teigmasse hineingeben.
8. Bei 180 Grad 35 Minuten auf mittlerer Schiene backen.

Pro Portion: 21 g Eiweiß, 63 g Kohlenhydrate, 5 g Fett, 390 Kilokalorien

Dazu passen Vanillesoße, Vanilleeis, geschlagene Sahne oder angedickter Rhabarbersaft.

Tipp

Marzipanapfel

Zutaten: (für 4 Portionen)
4 große, herb-säuerliche Äpfel | 75 g Marzipanrohmasse | 2 EL gesiebter Puderzucker | 1 TL Zitronensaft | 1 EL zerlassene Butter | 3 EL Paniermehl | 1 EL Zucker | 1 Pr. Zimt | 2 EL gehackte Walnusskerne | 125 g Sahne

Zubereitung:
1. Den Backofen auf 200 Grad vorheizen.
2. Marzipan mit Puderzucker und Zitronensaft vermengen.
3. Die Äpfel waschen, das Kerngehäuse großzügig ausstechen.
4. Die Marzipanmasse in die Äpfel füllen.
5. Die Äpfel rundherum mit der zerlassenen Butter einstreichen.
6. Paniermehl, Zucker und Zimt mischen und die Äpfel darin wenden.
7. Die Äpfel in eine gefettete Auflaufform stellen und auf der mittleren Schiene 15 Minuten backen.
8. Kurz vor Ende der Garzeit mit den gehackten Walnusskernen bestreuen.
9. Die Sahne steif schlagen.
10. Die Äpfel noch heiß mit der Sahne servieren.

Pro Portion: 5 g Eiweiß, 56 g Kohlenhydrate, 23 g Fett, 460 Kilokalorien

Weihnachtsbratapfel

Zutaten: (für 4 Portionen)
4 säuerliche Äpfel | 75 g Dominosteine | 75 g Spekulatius | 25 g geh. Datteln | 2 EL Granatapfelsaft

Zubereitung:
1. Backofen auf 175 Grad vorheizen.
2. Die Äpfel schälen und das Kerngehäuse ausstechen.
3. Die Äpfel in eine gebutterte Auflaufform setzen.
4. Dominosteine würfeln, Spekulatius grob zerbröseln.
5. Beides mit den gehackten Datteln und dem Granatapfelsaft vermischen.
6. Die Masse in die Äpfel füllen.
7. Die Äpfel circa 25 Minuten backen.

Pro Portion: 4 g Eiweiß, 54 g Kohlenhydrate, 9 g Fett, 320 Kilokalorien

Tipp

Mit Vanillesoße servieren.

Bratapfel mit Krokantfüllung

Zutaten: (für 4 Portionen)
4 säuerliche Äpfel, (z. B. Boskop) | 2 EL Zitronensaft | 4 gehäufte EL Zucker | 4 EL Haferflocken | 4 EL Sahne | 4 TL Butter

Für die Vanillesoße:
500 ml Milch | 30 g Zucker | ½ Pck. Vanillepuddingpulver

Zubereitung:
1. Äpfel waschen, mit einem Ausstecher das Kerngehäuse großzügig entfernen.
2. Die Äpfel mit Zitronensaft beträufeln.
3. Den Backofen auf 175 Grad (Umluft) vorheizen.

Verführerische Nachspeisen

Bratapfel mit Krokantfüllung

Bratapfel mit Krokantfüllung

4. Zucker in einer Pfanne langsam hellbraun schmelzen. Von der Platte nehmen, die Haferflocken unterrühren und die Sahne zugießen.
5. Die Mischung nochmals erhitzen, dann in die Äpfel füllen.
6. Je 1 TL Butter auf jeden Apfel setzen.
7. Die Äpfel in eine gefettete Auflaufform geben und im Ofen 20 bis 25 Minuten backen.
8. In der Zwischenzeit für die Vanillesoße die Milch mit dem Zucker aufkochen und mit dem Vanillepuddingpulver binden.

Pro Portion: 6 g Eiweiß, 72 g Kohlenhydrate, 13 g Fett, 430 Kilokalorien

Tipp

Wenn man oben rund um die ausgestochene Öffnung der Äpfel die Schale einschneidet, reißt sie beim Backen nicht und die Äpfel bleiben schön in Form.

Heiß und süß

Quarkknödel mit karamellisierten Zwetschen

Quarkknödel mit karamellisierten Zwetschen

Zutaten: (für 4 Portionen)

Für die Quarkknödel:
40 g Zucker | 1 Ei | 1 Eigelb | 210 g Sahnequark | ½ Vanilleschote | 1 Pr. Salz | abger. Schale v. 1 Zitrone | 50 g Semmelbrösel | 6 g feiner Weizengrieß

Für die karamellisierten Zwetschen:
500 g Zwetschen | 200 g Zucker | 125 ml Rotwein | 125 ml Orangensaft | etwas Vanillezucker | etwas Zitronenschale | Zimtstange | etwas Speisestärke

Zubereitung:
1. Alle Zutaten für die Quarkknödel in eine Rührschüssel geben und gut verrühren.
2. Die weiche Masse mindestens 2 Stunden kalt stellen.
3. In einem weiten Topf Wasser mit etwas Zucker zum Sieden bringen, nicht kochen.
4. Mit einem Eisportionierer oder mit zwei Löffeln kleine Knödel vom Teig abstechen. Die Knödel in das siedende Wasser geben und circa 10 Minuten ziehen lassen.
5. Die Knödel mit einer Schaumkelle aus dem Topf nehmen und abtropfen lassen.
6. Für die karamellisierten Zwetschen die Früchte waschen, halbieren und entsteinen.
7. Den Zucker in einem Topf langsam hellbraun schmelzen, mit Rotwein und Orangensaft ablöschen und einkochen lassen.
8. Vanillezucker, Zitronenschale, Zimtstange und die Zwetschen dazugeben und einige Minuten köcheln lassen.
9. Die Zimtstange herausnehmen und die Soße bei Bedarf mit etwas Speisestärke binden.
10. Die Knödel mittig auf Tellern anrichten, die karamellisierten Zwetschen neben die Knödel geben und mit Soße dekorieren.

Pro Portion: 9 g Eiweiß, 86 g Kohlenhydrate, 14 g Fett, 530 Kilokalorien

Wintergrütze mit Schnee

Zutaten: (für 4 Portionen)
300 g gemischte Beeren (TK) | 125 ml roter Fruchtsaft | 3–4 EL Zucker | 1 gehäufter EL Vanillepuddingpulver | 250 g Magerquark | 1 Pck. Vanillezucker | 2 Eiweiß | 1 Pr. Salz | 2 EL Puderzucker | 1 EL geh. Mandeln oder Nüsse

Zubereitung:
1. Die Beeren mit dem Fruchtsaft und dem Zucker aufkochen.
2. Vanillepuddingpulver mit etwas Wasser glatt rühren und die Beerenmischung damit binden, 1 bis 2 Minuten köcheln lassen und in eine ofenfeste Form füllen.
3. Den Backofen auf 160 Grad (Umluft) vorheizen.
4. Quark und Vanillezucker glatt rühren.
5. Eiweiß mit Salz steif schlagen, Puderzucker einrieseln lassen.
6. Eischnee unter den Quark heben.
7. Die Quarkmasse auf die Beeren geben und vorsichtig glatt streichen.
8. Die Mandeln oder Nüsse auf der Quarkmasse verteilen.
9. Die Wintergrütze 25 Minuten im Ofen backen.

Pro Portion: 12 g Eiweiß, 44 g Kohlenhydrate, 2 g Fett, 250 Kilokalorien

Tipps

Das Rezept eignet sich gut, um in einer größeren Menge hergestellt zu werden.

Je nach Geschmack kann man 1 EL Rosinen und ½ TL Zimt zu den Beeren geben.

Verführerische Nachspeisen

Wintergrütze mit Schnee

Zitronensuppe mit Baiser

Zutaten: (für 4 Portionen)
1 l Wasser | 50 g Sago | 100 g Rosinen | 3 Eigelb | 150 g Zucker | Saft v. 3 Zitronen

Für das Baiser:
3 Eiweiß | 150 g Zucker

Zubereitung:
1. Das Wasser mit dem Sago und den Rosinen 20 Minuten kochen.
2. Das Eigelb mit dem Zucker und dem Zitronensaft verrühren.
3. Die Eimasse mit dem gekochten Sago verrühren, mit Zucker abschmecken.
4. Für das Baiser Eiweiß mit Zucker steif schlagen.
5. Die heiße Suppe in die Terrine füllen. Den Eischnee mit einem Esslöffel auf die heiße Suppe geben. Einen Deckel auflegen, damit das Baiser stockt.

Pro Portion: 6 g Eiweiß, 111 g Kohlenhydrate, 5 g Fett, 530 Kilokalorien

Tipp
Die Suppe schmeckt im Sommer auch kalt und ist besonders zu Fischgerichten eine passende Nachspeise.

Ananas karibische Art

Zutaten: (für 4 Portionen)
1 Ananas | 4 cl Rum | 4 EL brauner Zucker | 1 TL gem. Nelken | 1 TL gem. Zimt | abger. Schale v. 1 Orange | 300 g Vanilleeis | 150 g Sahne

Zubereitung:
1. Die Ananas schälen, in Scheiben schneiden, die Mitte ausstechen.
2. Ananasringe 10 Minuten in Rum marinieren.
3. Die Ananasringe auf ein Backblech legen.
4. Braunen Zucker, Nelken, Zimt und Orangenschale mischen und auf die Ringe streuen.
5. Die Ananas unter dem Grill im Backofen goldbraun backen.
6. Auf 4 Tellern mit je einer Kugel Vanilleeis und etwas geschlagener Sahne anrichten.

Pro Portion: 5 g Eiweiß, 54 g Kohlenhydrate, 18 g Fett, 430 Kilokalorien

Verführerische Nachspeisen

Zimtpflaumen mit Walnusscrumble

Zutaten: (für 12 Portionen)

Für die Zimtpflaumen:
2 Gläser Pflaumen (insg. 760 g Abtropfgewicht) | 1 Pck. Vanillepuddingpulver | 2 EL Zucker | 1 TL gem. Zimt

Für das Walnusscrumble:
200 g Walnusskerne | 250 g Mehl | 1 Pr. Salz | 150 g Zucker | 1 EL Vanillezucker | 1 Eigelb | 150 g Butter | 1 EL Puderzucker

Zubereitung:
1. Pflaumen abtropfen lassen, den Saft auffangen.
2. 8 EL Saft mit Puddingpulver, Zucker und Zimt glatt rühren. Den restlichen Saft aufkochen und die Puddingpulvermischung einrühren. Unter Rühren circa 1 Minute köcheln lassen, die Pflaumen zufügen und unterrühren.
3. Die Pflaumenmasse in eine flache Auflaufform füllen.
4. Den Backofen auf 175 Grad vorheizen.
5. Für das Crumble die Walnusskerne grob hacken und mit Mehl, Salz, Zucker Vanillezucker, Eigelb und Butterföckchen zu Streuseln verkneten.
6. Die Streusel gleichmäßig auf den Pflaumen verteilen.
7. Die Zimtpflaumen im Ofen 25 bis 30 Minuten backen. Eventuell mit Alufolie abdecken, wenn das Crumble zu dunkel wird.
8. Vor dem Servieren mit Puderzucker bestäuben.

Pro Portion: 5 g Eiweiß, 47 g Kohlenhydrate, 22 g Fett, 410 Kilokalorien

Tipp

Dazu passt Vanilleeis.

Heiß und süß

Mascarpone-Kürbis-Soufflé

Mascarpone-Kürbis-Soufflé

Zutaten: (für 6 Portionen)
2–3 EL Honig | 75 ml Weißwein | 750 g gewürfeltes Kürbisfleisch (z. B. Muskatkürbis) | 5 EL Limettensaft | 2 EL frisch gepresster Orangensaft | 1 TL Zimt | abger. Schale v. 1 Orange | 4 Eier | 100 g Zucker | 375 g Mascarpone | 125 g Magerquark | Butter und Zucker für die Form

Zubereitung:
1. Honig mit Weißwein aufkochen.
2. Die Kürbiswürfel zugeben, 15 bis 20 Minuten kochen, dann pürieren.
3. Limetten- und Orangensaft unter das Kürbispüree rühren.
4. Püree in 2 Portionen teilen.
5. Die eine Hälfte mit Zimt und Orangenschale würzen und kalt stellen.
6. Die andere Hälfte noch einmal aufkochen und unter gelegentlichem Rühren abkühlen lassen.
7. Den Backofen auf 180 bis 200 Grad vorheizen.
8. Die Eier trennen.
9. Eigelb mit Zucker circa 5 Minuten cremig schlagen, danach die zweite Kürbispüreehälfte, Mascarpone und Quark unterrühren.
10. Eiweiß sehr steif schlagen. Ein Drittel des Eischnees unter die Mascarponemasse rühren, den Rest mit einem Spatel vorsichtig unterheben.
11. Eine flache Auflaufform dünn ausbuttern und mit Zucker bestreuen. Die Soufflémasse einfüllen.
12. Die Form in den Ofen schieben und das Soufflé circa 45 Minuten backen.
13. Noch heiß mit dem kalten Kürbispüree servieren.

Pro Portion: 12 g Eiweiß, 38 g Kohlenhydrate, 34 g Fett, 520 Kilokalorien

Schwedisches Apfelbiskuit

Zutaten: (für 8 Portionen)

4 Eier | 175 g Zucker | 120 g Butter | 125 ml Milch | 300 g Mehl | 3 TL Backpulver | 6–7 Äpfel | 80 g Walnüsse | etwas Zimt

Zubereitung:
1. Eier und Zucker mindestens 5 Minuten schaumig rühren.
2. Butter und Milch aufkochen, leicht abkühlen lassen.
3. Mehl und Backpulver sieben. Zusammen mit der noch heißen Milchmischung in den Eischaum rühren.
4. Den Backofen auf 180 Grad (Umluft) vorheizen.
5. Die Äpfel waschen, vierteln und in dicke Scheiben schneiden.
6. Den Teig in eine gefettete Fettpfanne gießen, sofort mit den Apfelscheiben belegen.
7. Walnüsse grob hacken und mit dem Zimt über die Äpfel streuen.
8. Das Apfelbiskuit etwa 30 Minuten backen.

Pro Portion: 10 g Eiweiß, 63 g Kohlenhydrate, 23 g Fett, 550 Kilokalorien

Tipps

Noch lauwarm mit geschlagener Sahne reichen.

Der Teig kann auch in einer Springform gebacken werden – in diesem Fall die Zutatenmenge halbieren.

Apfelzauber

Zutaten: (für 4 Portionen)
2 große säuerliche Äpfel (z. B. Holsteiner Cox) | 20 g Butterflocken | 2–3 EL geh. Mandeln | 2–3 EL Zucker-Zimt-Mischung | 4 Eiweiß | 80–100 g Puderzucker | 1 EL geh. Pistazien

Apfelzauber

Zubereitung:
1. Äpfel schälen, vierteln, entkernen und in dünne Scheiben schneiden.
2. Die Äpfel in eine gefettete Auflaufform geben.
3. Butterflocken, gehackte Mandeln und die Zucker-Zimt-Mischung darüber verteilen.
4. Den Backofen auf 200 Grad vorheizen.
5. Eiweiß mit der Hälfte des Puderzuckers steif schlagen, dann den Rest des Puderzuckers vorsichtig untermischen.
6. Den Eischnee gleichmäßig auf die Äpfel streichen.
7. Mit Pistazien bestreuen.
8. Die Nachspeise im unteren Drittel des Backofens circa 20 Minuten backen, bis das Baiser schön gebräunt ist.

Pro Portion: 5 g Eiweiß, 49 g Kohlenhydrate, 9 g Fett, 300 Kilokalorien

Kaiserschmarrn

Zutaten: (für 4 Portionen)
4 Eier | 200 ml Milch | 120 g Mehl | 1 Pr. Salz | 50 g Zucker | 2 EL Rosinen | 2 EL Butter | 1 EL Zucker | 20 g Puderzucker

Zubereitung:
1. Die Eier trennen.
2. Milch, Eigelb, Mehl, Salz und Zucker zu einem glatten Teig verrühren.
3. Die Rosinen zum Teig geben.
4. Eiweiß steif schlagen und unter den Teig heben.
5. Den Backofen auf 200 Grad vorheizen.
6. 1 EL Butter in einer großen ofenfesten Pfanne erhitzen.
7. Den Teig in die Pfanne geben und 4 bis 5 Minuten braten.
8. Die Pfanne auf einem Rost in den Ofen stellen und 8 bis 10 Minuten backen.
9. Die Pfanne wieder auf die Herdplatte stellen, den Teig mit zwei Gabeln in grobe Stücke reißen.
10. Die restliche Butter und den Zucker zufügen und den Kaiserschmarrn weitere 3 bis 4 Minuten braten.
11. Den Kaiserschmarrn auf 4 Teller verteilen und nach Belieben mit Puderzucker bestäuben.

Pro Portion: 12 g Eiweiß, 20 g Kohlenhydrate, 14 g Fett, 380 Kilokalorien

Schnee am Kilimandscharo

Zutaten: (für 4 Portionen)
375 ml Milch | 100 g Zucker | 1 Pck. Vanillezucker | 75 g Butter | 2 EL Kakao | 100 g Raspelschokolade | 150 g Mehl | 6 Eier | 3 Scheiben Ananas | Puderzucker

Zubereitung:
1. Den Backofen auf 175 Grad vorheizen.
2. Milch, Zucker, Vanillezucker, Butter, Kakao und Raspelschokolade aufkochen.
3. Mehl dazugeben und kräftig umrühren.
4. 1 Ei dazugeben, umrühren, abkühlen lassen.
5. Die restlichen Eier trennen.
6. Eigelb unter den Teig rühren.
7. Eiweiß steif schlagen und unterheben.
8. Die Masse in eine Auflaufform füllen.
9. Ananasscheiben in Würfel schneiden, abtropfen lassen und in die Masse drücken.
10. Die Nachspeise 45 Minuten im Ofen backen.
11. Noch heiß mit viel Puderzucker bestäuben.

Pro Portion: 20 g Eiweiß, 88 g Kohlenhydrate, 38 g Fett, 780 Kilokalorien

Tipp

Je Portion eine Kugel Vanilleeis dazu reichen.

Schnee am Kilimandscharo

Süßes Ziegenkäsesoufflé mit Grapefruit

Süßes Ziegenkäsesoufflé mit Grapefruit

Zutaten: (für 4 Portionen)
230 g Zucker | 40 ml Orangenlikör | 3 rosa Grapefruits | 20 g Butter | 30 g Magerquark | 50 g Ziegenfrischkäse | 2 Eigelb | abger. Schale v. 1 unbeh. Zitrone | 40 g Puderzucker | 3 Eiweiß | weißer Pfeffer aus der Mühle

Zubereitung:
1. 200 g Zucker in 100 ml Wasser 5 Minuten kochen, den Sirup etwas abkühlen lassen und den Likör hinzugeben.
2. In der Zwischenzeit die Grapefruits sauber schälen. Filets einzeln mit einem scharfen Messer zwischen den Trennhäuten herausschneiden und mit dem lauwarmen Sirup begießen.
3. Butter schmelzen und 4 Souffléförmchen damit auspinseln.
4. Quark, Ziegenfrischkäse, Eigelb und Zitronenschale in eine Schüssel geben.
5. Den Puderzucker darübersieben und die Masse glatt rühren.
6. Den Backofen auf 180 Grad (Umluft) vorheizen.
7. Eiweiß mit dem restlichen Zucker sehr steif schlagen.
8. Mit dem Schneebesen nach und nach unter die Quark-Frischkäse-Masse heben.
9. Die Creme in die Förmchen füllen.
10. Die Soufflés im heißen Wasserbad auf der zweiten Schiene von unten im Backofen 20 Minuten garen.
11. Grapefruitfilets auf 4 Teller verteilen, mit Sirup beträufeln und mit weißem Pfeffer würzen.
12. Die Soufflés aus den Förmchen stürzen, neben den Grapefruits anrichten und mit etwas Puderzucker bestäuben.

Pro Portion: 8 g Eiweiß, 85 g Kohlenhydrate, 10 g Fett, 500 Kilokalorien

Beerengratin

Zutaten: (für 4 Portionen)
2 Eier | 50 g Butter | 200 g Quark | Mark v. 1 Vanilleschote | 125 g Zucker | 2 EL Speisestärke | abger. Schale v. 1 unbeh. Orange | 1 Pr. Salz | 750 g frische Erdbeeren (oder andere Beerenfrüchte) | Puderzucker zum Bestäuben

Zubereitung:
1. Die Eier trennen.
2. Butter zerlassen und leicht abkühlen lassen. Mit Quark, Eigelb, Vanillemark, 3 EL Zucker, Speisestärke und Orangenschale glatt rühren.
3. Eiweiß mit Salz steif schlagen, 2 EL Zucker untermischen.
4. Den Eischnee vorsichtig unter die Quarkmischung heben.
5. Den Backofen auf 200 Grad vorheizen.
6. Die Beeren waschen und je nach Größe halbieren. Beeren in eine feuerfeste Auflaufform geben, mit 1 EL Zucker bestreuen und kurz ziehen lassen. Die Quarkcreme gleichmäßig auf dem Obst verteilen.
7. Das Gratin auf der zweiten Backofenschiene von oben 15 bis 20 Minuten überbacken, bis es schön gebräunt ist.
8. Vor dem Servieren mit Puderzucker bestäuben.

Pro Portion: 12 g Eiweiß, 55 g Kohlenhydrate, 14 g Fett, 400 Kilokalorien

Tipps

Dazu passt Vanilleeis.

Das Beerengratin ist ideal für Naschkatzen, die allergisch auf frische Früchte reagieren.

Beerengratin

Quarkauflauf mit Äpfeln und Vanillesoße

Zutaten: (für 4 Portionen)

Für den Quarkauflauf:
3 Eier | 100 g Zucker | 500 g Quark | 1 Pr. Salz | Schale u. Saft v. 1 unbeh. Zitrone | 40 g Grieß | 1 Pck. Vanillepuddingpulver | Mark v. 1 Vanilleschote | 2 TL Backpulver | 3 große Äpfel

Für die Vanillesoße:
2 EL Puderzucker | 1 EL Vanillezucker | 1 EL Speisestärke | 380 ml Milch | Mark v. 1 Vanilleschote

Zubereitung:
1. Für den Quarkauflauf die Eier trennen.
2. 2 Eigelb mit Zucker verrühren, das dritte Eigelb für die Soße beiseitestellen.
3. Quark dazugeben.
4. Eiweiß steif schlagen und unter die Quarkmischung heben.
5. Salz, Zitronensaft und -schale hinzufügen.
6. Grieß, Vanillepuddingpulver, Vanillemark und Backpulver mischen und ebenfalls hinzufügen.
7. Die Masse gut verrühren.
8. Den Backofen auf 180 Grad vorheizen.
9. Äpfel schälen, entkernen und in feine Spalten schneiden.
10. Apfelspalten in eine gebutterte Auflaufform legen und mit der Quarkmasse bedecken.
11. Den Auflauf 35 bis 40 Minuten im Ofen backen.
12. In der Zwischenzeit für die Vanillesoße das übrige Eigelb mit Puderzucker, Vanillezucker und Speisestärke glatt rühren.
13. Milch und Vanillemark hinzugeben.
14. Die Soße in einem Topf bei geringer Hitze erwärmen und so lange schnell rühren, bis die Soße dicklich wird.
15. Den Auflauf noch warm mit der Vanillesoße servieren.

Pro Portion: 27 g Eiweiß, 86 g Kohlenhydrate, 9 g Fett, 550 Kilokalorien

Gebackene Bananen mit Haferflocken-Baiser-Haube

Zutaten: (für 4 Portionen)
75 g kernige Haferflocken | 4 EL Honig | 6 EL Rum | 4 Bananen | Saft v. 1 Zitrone | 2 EL Butter | 100 g Puderzucker | 3 Eiweiß

Zubereitung:
1. Haferflocken mit Honig in einem Topf langsam erwärmen, den Rum zufügen.
2. Die Haferflockenmischung in eine flache Auflaufform geben, sodass der Boden bedeckt ist. 2 EL der Mischung beiseitestellen.
3. Bananen schälen, der Länge nach halbieren und mit Zitronensaft beträufeln.
4. Butter in einer Pfanne zerlassen und die Bananen darin leicht rösten.
5. Nebeneinander auf den Haferflocken anrichten.
6. Den Backofen auf 200 Grad vorheizen.
7. Eiweiß sehr steif schlagen, Puderzucker sieben und unterheben.
8. Eischnee mit einer Spritztülle in Wellen auf die Bananen spritzen.
9. Mit den restlichen Haferflocken bestreuen.
10. Die Bananen auf der mittleren Einschubleiste 10 bis 15 Minuten backen, bis die Baiserhaube goldbraun ist.

Pro Portion: 6 g Eiweiß, 77 g Kohlenhydrate, 8 g Fett, 450 Kilokalorien

Apfelküchlein

Apfelküchlein

Zutaten: (für 4 Portionen)

150 g Mehl | 1 EL Vanillepuddingpulver | 2 gestr. TL Backpulver | 2 Eier | 1 Pr. Salz | 2 TL Zucker | 200 g Quark | 250 ml Milch | 4 Äpfel | Öl zum Ausbraten

Zubereitung:
1. Mehl, Puddingpulver und Backpulver in eine Schüssel sieben.
2. Die Eier trennen.
3. Salz, Zucker, Quark und Eigelb zur Mehlmischung geben.
4. Nach und nach die Milch unterrühren, sodass ein glatter Teig entsteht.
5. Eiweiß steif schlagen und locker unterheben.
6. Die Äpfel waschen, schälen und das Kerngehäuse ausstechen. In 1 cm breite Scheiben schneiden.
7. Das Öl in einer Pfanne erhitzen. Apfelscheiben in den Teig tauchen und im heißen Öl von beiden Seiten goldbraun braten.

Pro Portion: 17 g Eiweiß, 60 g Kohlenhydrate, 22 g Fett, 500 Kilokalorien

Tipps

Die Apfelküchlein mit Zimt und Zucker, Ahornsirup oder Apfelgelee servieren.

Man kann die Äpfel auch raspeln, in den Teig rühren und kleine Pfannkuchen daraus backen. Ebenfalls mit Zimt und Zucker, mit Sirup oder Gelee servieren.

Die Apfelküchlein können auch in der Fritteuse bei 160 Grad ausgebacken werden.

Apfel-Johannisbeer-Crumble

Zutaten: (für 6 Portionen)
700 g Äpfel | 200 g Schwarze Johannisbeeren | 4–5 EL Apfelsirup, Ahornsirup oder Apfelgelee | 100 g Butter | 100 g gem. Mandeln | 125 g Mehl | 100 g Zucker | Butter für die Form

Zubereitung:
1. Die Äpfel schälen und in kleine Stücke schneiden.
2. Apfelstücke in eine mit Butter gefettete Auflaufform füllen.
3. Die Johannisbeeren darüberstreuen.
4. Den Sirup oder das Gelee auf den Früchten verteilen.
5. Die Butter in einem Topf schmelzen.
6. Mandeln, Mehl, Zucker und flüssige Butter zu Streuseln verkneten und über die Früchte geben.
7. Das Crumble 30 bis 35 Minuten bei 200 Grad (nicht vorgeheizt) backen.

Pro Portion: 6 g Eiweiß, 58 g Kohlenhydrate, 24 g Fett, 470 Kilokalorien

Tipps

Noch heiß mit Vanillesoße oder Vanilleeis servieren.

Die Früchte können nach Belieben gewählt werden, die Nachspeise schmeckt zum Beispiel auch mit Pflaumen oder Birnen köstlich.

Auch Tiefkühlfrüchte sind geeignet – bei sehr saftigen Früchten sparsam mit dem Sirup sein, damit das Crumble nicht zu weich wird.

Variieren Sie das Rezept, indem Sie zum Beispiel Haselnüsse oder Walnüsse statt der Mandeln nehmen, Marzipanbrösel auf die Früchte geben oder dem Streuselteig 100 g Haferflocken zufügen.

Apfel-Johannisbeer-Crumble

Dunkelbiereis mit Schmorbirne

Dunkelbiereis mit Schmorbirne

Zutaten: (für 4 Portionen)

Für das Eis:
160 g Milch | 180 ml dunkles Bier | 220 g Sahne | Mark v. ½ Vanilleschote | 4 Eigelb | 100 g Zucker

Für die Schmorbirnen:
4 reife Birnen | 25 g Butter | 100 g Zucker | 100 ml helles Bier | Mark v. ½ Vanilleschote | Schale u. Saft v. 1 unbeh. Limone

Zubereitung:
1. Für das Eis Milch mit dunklem Bier, Sahne und Vanillemark aufkochen.
2. Eigelb mit Zucker leicht schaumig schlagen, mit der aufgekochten Flüssigkeit verrühren, nochmals bis auf 85 Grad erwärmen und durch ein Sieb passieren. Die Masse am besten in eine Eismaschine geben oder im Gefrierfach gefrieren.
3. Den Backofen auf 160 Grad vorheizen.
4. Birnen schälen, das Kerngehäuse von unten ausstechen.
5. Butter und Zucker in einem ofenfesten Topf leicht schmelzen lassen, mit hellem Bier ablöschen.
6. Die Birnen in den Topf geben, Vanillemark, Limonensaft und -schale zufügen.
7. Den Topf mit einem Deckel verschließen und für circa 1 Stunde in den Ofen stellen, bis die Birnen weich geschmort sind.
8. Den Topf wieder auf die Herdplatte stellen, die Birnen herausnehmen und den restlichen Fond bis zur Sirupdicke einkochen.
9. Die Birnen auf Tellern anrichten, mit eingedicktem Fond übergießen und mit dem Dunkelbiereis servieren.

Pro Portion: 7 g Eiweiß, 81 g Kohlenhydrate, 30 g Fett, 640 Kilokalorien

Tipp

Für eine alkoholfreie Variante kann statt des dunklen Biers Malzbier verwendet werden.

Heiß und süß

Anhang

Alphabetisches Verzeichnis der Rezepte

Adventstiramisu — 66	Buttermilchdessert mit Beeren — 27
Ananas karibische Art — 104	Buttermilchmousse — 77
Ananascreme — 14	Calvados-Apfel-Creme
Apfel-Johannisbeer-Crumble — 120	mit Orangen-Grenadinen-Sirup — 28
Apfelküchlein — 119	Casablancacreme mit Karamellsoße — 84
Apfelzauber — 108	Dunkelbiereis mit Schmorbirne — 123
Bananenparfait — 37	Echte Götterspeise — 56
Beerengratin — 114	Eistorte — 95
Blitzschnelles Sommerdessert — 26	Erdbeer-Mandarinen-Gelee — 29
Bratapfel mit Krokantfüllung — 98	Erdbeertiramisu — 24
Bunte Götterspeise — 42	Fruchtiges Mascarpone-Schichtdessert — 36

Verführerische Nachspeisen

Fünf-vor-zwölf-Schnee	82
Gebackene Bananen mit Haferflocken-Baiser-Haube	117
Glühweinkirschen mit Zimtmascarpone	65
Granatapfel-Himbeer-Mousse	21
Haselnuss-Joghurt-Creme	87
Heidelbeerpfannkuchen	23
Herbstliches Apfeltiramisu	70
Himbeer-Schokoladen-Mousse	63
Himbeertraum	17
Himmel und Hölle	51
Italienische Mascarpone-Beeren-Nachspeise	26
Kaiserschmarrn	109
Kirschtraum mit Eierlikörsahne und Schokomüsli	19
Klassische Quarkspeise	75
Mandel-Schoko-Creme	67
Marzipanapfel	97
Marzipan-Beerenquark-Zauber	44
Marzipancreme	92
Mascarpone-Amarettini-Traum	79
Mascarpone-Kürbis-Soufflé	107
Milchcreme mit Fruchtsoße	74
Mohnmousse mit Preiselbeerfüllung	52
Mousse au Chocolat	54
Mousse von der Pflaume	64
Orangencreme Brûlée	45
Orangenpudding	27
Orangen-Schoko-Mousse	47
Panna cotta mit Pflaumen	15
Pfirsich-Joghurt-Dessert	32
Quarkauflauf mit Äpfeln und Vanillesoße	116
Quarkcreme Toffeelikör	55
Quarkknödel mit karamellisierten Zwetschen	101
Quarkspeise mit Apfelmus und Röstflocken	41
Rhabarber-Erdbeer-Grütze	22
Rhabarber-Himbeer-Eis	34
Rhabarber-Quark-Auflauf	96
Russische Quarkspeise	76
Sahniger Milchreis	83
Sauerkirschcreme	88
Schnee am Kilimandscharo	110
Schokocreme mit Kirschen und Pfefferminzsahne	46
Schokocreme Brûlée mit Glühweinkirschen	68
Schokoladenpudding mit Birne	59
Schokoladen-Sahne-Creme	48
Schokoladige Verführung	48
Schwarzwälder Kirschcreme	18
Schwedisches Apfelbiskuit	108
Sektcreme mit Mango-Kiwi-Soße	31
Sommerliche Erdbeer-Joghurt-Creme	22
Sündige Birnenmousse	91
Süßes Ziegenkäsesoufflé mit Grapefruit	113
Überraschungsgeschichten	35
Waldmeistercreme	80
Weihnachtliches Kirsch-Lebkuchen-Dessert	72
Weihnachtsbratapfel	98
Weiße Schokopuddingcreme mit Kirschen	60
Welfenspeise	85
Wintergrütze mit Schnee	102
Zicklein am Knick	38
Zimtparfait	72
Zimtpflaumen mit Walnusscrumble	105
Zitronenschaum mit Vanillesoße	76
Zitronensorbet	12
Zitronensuppe mit Baiser	104
Zitronentiramisu	14

Verzeichnis der Wettbewerbsteilnehmer

Bettina Ahlrichs-Bölck, 24640 Schmalfeld
Lisa Benien, 29664 Walsrode
Andreas Berger, 24214 Gettorf
Susanne Berling, 21514 Fitzen
Christine Bilger, 22844 Norderstedt
Nadine Böse, 49577 Kettenkamp
Karin Brodal, 24994 Böxlund
Helga Bruhn, 25557 Thaden
Inge Carstensen, 25853 Drelsdorf
Heike Dose, 23758 Oldenburg
Inge Emmert, 78112 Langenschiltach
Gerd Emmert, 78112 St. Georgen
Telse Espenmüller, 24986 Satrup
Ute Flüh, 23715 Bosau
Beate Fröhlich, 24251 Osdorf
Gunda Früchtenicht, 25335 Neuendorf
Kristin Früchtenicht, 25335 Neuendorf
Jennifer Haack, 24568 Nützen
Hilde Habel, 57614 Steimel
Jutta Hansen, 25926 Westre
Katrin Hansen, 24986 Satrup
Ursula Harder, 25554 Stördorf
Beate Hasenpusch, 24885 Sieverstedt
Helga Hauschildt, 24582 Mühbrook
Claudia Heinze, 24790 Schacht-Audorf
Sabine Heinze, 24768 Rendsburg
Christian Hempe, 24109 Melsdorf
Judith Hempe, 24109 Melsdorf
Antje Jandrey, 24329 Rantzau
Heinke Jürgens, 25764 Wesselburen
Nicola Käfer, 75236 Ersingen
Isabelle Kähler, 24106 Kiel
Elisabeth Ketels, 25836 Katharinenheerd
Susan Kliese, 23821 Rohlstorf
Rita Klinker, 49696 Molbergen
Karin Klostermeier, 24251 Osdorf
Bettina Koop, 22955 Hoisdorf
Roswitha Kröger, 23899 Besenthal
Birte Kühl, 24594 Heinkenborstel
Liesbeth Kühl, 24214 Lindau
Bärbel Kühn, 25361 Steinburg/Süderau
Maria Küthe, 49577 Kettenkamp

Simone Lammers, 57632 Seelbach
Wiebke Loof, 25836 Garding
Martje-Marie Matthiesen, 24986 Satrup
Elke Miehl, 73431 Aalen
Anni Moormann, 49696 Molbergen
Alexandra Nowak, 24864 Goltoft
Silke Nowak, 78126 Königsfeld
Britta Orloff-Baumgarten, 24367 Osterby
Christina Pabsch, 49324 Melle
Elke Paulsen, 23730 Altenkrempe
Bianca Petersen, 24306 Plön
Marga Quast, 21039 Hamburg
Marlen Ratjen, 24613 Aukrug
Maren Rehmke, 25590 Osterstedt
Vanessa Rehmke, 25590 Osterstedt
Gerlinde Reich, 75236 Kämpfelback
Birte Reimers, 25881 Tating
Elke Reimers, 25590 Osterstedt
Margit Rodermann, 54574 Birresborn
Inge Roggencamp, 24220 Flintbek
Julia Saß, 24114 Kiel
Traute Schnepel, 25693 St. Michaelisdonn
Elsabe Schnoor, 25579 Fitzbe
Horst-W. Schnöring, 51063 Köln
Angela Schulz, 24326 Nehmten
Nadine Schumacher, 24214 Gettorf
Renke Elisabeth Siebke, 25704 Bargenstedt
Jörg Sieh-Petersen, 24782 Rickert
Anne Sievers, 24797 Tackersdorf-Nord
Barbara Sievers, 24797 Tackesdorf-Nord
Hanna Sievers, 24797 Tackesdorf-Nord
Jutta Steffen, 24398 Brodersby
Helga Stegelmann, 24214 Lindau
Annelene Ströh, 24808 Jevenstedt
Hanna Suhr, 25704 Meldorf
Martha Tams, 24992 Janneby
Edith Thöm, 24594 Mörel
Beate Tienken, 27612 Loxstedt-Nesse
Karen Vogelsang, 49076 Osnabrück
Karin Vorbeck, 24619 Rendswühren
Bente Weber, 24986 Satrup
Ruth Werner, 22149 Hamburg

Mit Tipps und Tricks für ein gutes Gelingen

Hanna Renz
RUND UMS EI!

128 Seiten, farbig, gebunden
ISBN 978-3-8404-3511-9

VERFÜHRERISCHE NACHSPEISEN

128 Seiten
farbig, gebunden
ISBN 978-3-8404-3513-3

HITS MIT HACK

144 Seiten
farbig, gebunden
ISBN 978-3-8404-3509-6

Karin Faber
LAMMREZEPTE

144 Seiten, farbig, gebunden
ISBN 978-3-86127-883-2

Hanna Renz
SCHLEMMEREIEN VOM RIND

160 Seiten, farbig, gebunden
ISBN 978-3-86127-858-6

Cadmos Verlag GmbH · Möllner Straße 47 · 21493 Schwarzenbek
Telefon 04151 87 90 70 · Fax 04151 87 90 7-12
Besuchen Sie uns im Internet: **www.cadmos.de**

Leckeres aus der Landküche

Anne Ridder
ALLES KARTOFFEL

128 Seiten, farbig, gebunden
ISBN 978-3-8404-3512-6

OMAS REZEPTE

144 Seiten
farbig, gebunden
ISBN 978-3-8404-3503-4

BACKOFENTRÄUME

144 Seiten
farbig, gebunden
ISBN 978-3-86127-890-0

TORTENGEHEIMNISSE

192 Seiten
farbig, gebunden
ISBN 978-3-86127-895-5

TORTENTRÄUME

176 Seiten
farbig, gebunden
ISBN 978-3-86127-893-1

Cadmos Verlag GmbH · Möllner Straße 47 · 21493 Schwarzenbek
Telefon 04151 87 90 70 · Fax 04151 87 90 7-12
Besuchen Sie uns im Internet: www.cadmos.de